pâtisseries,
tartes et gâteaux

pâtisseries,
tartes et gâteaux

EDITIONS ATLAS

Édité par :
Éditions Glénat

Services éditoriaux et commerciaux :
Éditions Glénat – 31-33, rue Ernest Renan
92130 Issy-les-Moulineaux

Cet ouvrage est une édition partielle de l'encyclopédie « Pains, gâteaux et viennoiseries »,
publiée par les Éditions Atlas.

Maquette intérieure : Else

Dépôt légal : septembre 2006

ISBN : 978-2-7234-5264-9

La pâtisserie de votre boulanger-pâtissier vous fait rêver ? Réalisez-la enfin chez vous ! Des recettes raffinées pour mettre du bonheur sur votre table : tarte Tatin, tarte au citron meringuée, charlotte aux fraises, Paris-Brest, quatre-quart... Des gâteaux pour les grandes tablées familiales mais aussi de succulents petits desserts individuels : éclairs au chocolat, mille-feuilles, chouquettes... Pour chacune de ces gourmandises sont indiqués le niveau de difficulté, le coût, les temps de préparation, de repos et de cuisson, ainsi que les ustensiles utilisés, tout cela dans le but de vous faciliter la vie, et de faire de ces recettes un jeu d'enfant... Autant de plaisirs gourmands dont vous connaîtrez les secrets de fabrication !

L'ÉDITEUR

sommaire

Les gâteaux

Préparation : 20 minutes | Repos : aucun | Cuisson : 45 minutes | Réalisation : facile | Coût : bon marché

Cake au citron
confit et au rhum

Ne vous privez pas de ce grand classique de l'heure du thé ! Une tranche ou deux de cake au citron confit parfumé au rhum des îles... Une petite douceur qui ne se refuse pas et qui donnera un parfum exotique à votre pause gourmande !

1 Fonte du beurre. Faites fondre les 250 g de beurre à feu doux, puis laissez tiédir. Préchauffez le four à 180° (th. 6). Lavez le citron, râpez le zeste et pressez le citron. Découpez les 100 g d'écorces de citrons confits en petits morceaux.

2 Préparation de la pâte. Versez les 200 g de sucre dans un saladier, ajoutez le beurre fondu, puis mélangez avec une cuillère en bois. Séparez les jaunes des blancs d'œufs. Ajoutez une pincée de sel dans les blancs et battez-les en neige ferme.

3 Ajout des œufs. Ajoutez les jaunes, un à un, au mélange beurre-sucre. Incorporez délicatement les blancs. Ajoutez 2 c. à soupe de jus de citron, le zeste râpé et les écorces confites.

4 Ajout de la farine. Tamisez ensemble les 250 g de farine et le sachet de levure, puis ajoutez-les à la crème. Mélangez bien pour obtenir une pâte homogène.

5 Préparation du moule. Beurrez le moule à cake.

6 Cuisson. Versez la pâte dans le moule, en prenant soin de ne le remplir qu'aux trois-quarts. Mettez à cuire 45 min. Arrosez le cake des 2 c. à soupe de rhum, démoulez et laissez refroidir sur une grille.

Ingrédients
(pour 6 personnes)

- ✓ *250 g de beurre + 10 g*
- ✓ *1 citron jaune non traité*
- ✓ *100 g d'écorces de citrons confits*
- ✓ *200 g de sucre en poudre*
- ✓ *4 œufs*
- ✓ *1 pincée de sel*
- ✓ *250 g de farine de blé ordinaire tamisée*
- ✓ *1 sachet de levure chimique*
- ✓ *2 c. à soupe de rhum*

Ustensile
- ✓ *un moule à cake d'environ 26 cm*

›DÉGUSTATION
Servez le cake au citron confit et au rhum avec une glace rhum-raisins « Jamaïque » ou avec un sorbet au citron et un sorbet à l'orange. Une coupe de champagne pour accompagner sera parfaite – mais un thé à la vanille est tout aussi agréable !

Préparation : 25 minutes | *Repos : aucun* | *Cuisson : 40 minutes* | *Réalisation : très facile* | *Coût : bon marché*

Cake noix de pécan
et bananes

Le cake aux noix de pécan et aux bananes est un grand classique chez nos cousins d'Amérique. Vous l'apprécierez tout particulièrement à l'heure du thé. À savourer avec une crème fouettée servie très fraîche !

1 Préparation. Préchauffez le four à 180° (th. 6). Beurrez et farinez légèrement le moule. Versez les 180 g de farine dans un saladier, ajoutez le demi-sachet de levure, les 2 pincées de noix de muscade, la pincée de sel et mélangez.

2 Mélange beurre-sucre. Découpez les 110 g de beurre en dés. Mettez-le dans un saladier et travaillez-le avec une spatule pour qu'il devienne crémeux. Ajoutez les 150 g de cassonade et mélangez bien. Incorporez un à un les 2 œufs, puis le jaune et les 4 cl de lait.

3 Préparation des bananes. Épluchez les bananes et découpez-les en rondelles. Écrasez-les en purée en vous aidant d'une fourchette. Incorporez-les dans la pâte.

4 Finition de la pâte. Incorporez dans le mélange beurre-sucre la préparation à base de farine et de noix de muscade. Ajoutez les 80 g de raisins secs et les 70 g de noix de pécan hachées. Mélangez bien.

5 Garnissage. Versez la pâte dans le moule. Lissez le dessus. Mettez à cuire environ 40 min. Laissez tiédir et démoulez.

6 Finition. Couvrez le dessus du cake de 2 c. à soupe de confiture d'abricots tiédie et allongée d'une c. à café d'eau.

Ingrédients
(pour 4 à 6 personnes)

- ✓ 2 bananes
- ✓ 80 g de raisins secs
- ✓ 70 g de noix de pécan grossièrement hachées
- ✓ 150 g de cassonade en poudre
- ✓ 180 g de farine de blé ordinaire tamisée
- ✓ 110 g de beurre ramolli + 10 g
- ✓ 4 cl de lait
- ✓ 2 œufs + 1 jaune
- ✓ 2 pincées de noix de muscade en poudre
- ✓ 1 pincée de sel
- ✓ 1/2 sachet de levure chimique
- ✓ 2 c. à soupe de confiture d'abricots

Ustensile
- ✓ un moule à cake d'environ 24 cm

›TRUCS ET ASTUCES

Choisissez de préférence des bananes bien mûres ; elles apporteront leur moelleux et leur saveur doucement sucrée. Pour donner encore plus de fondant à votre cake, remplacez les 4 cl de lait par la même quantité de crème fraîche liquide.

Cake pâtissier
au chocolat

Une irrésistible envie de chocolat ?
Laissez-vous tenter par ce vrai cake de pâtissier.
Mœlleux et délicatement fondant, il plaira aux petits comme aux grands !

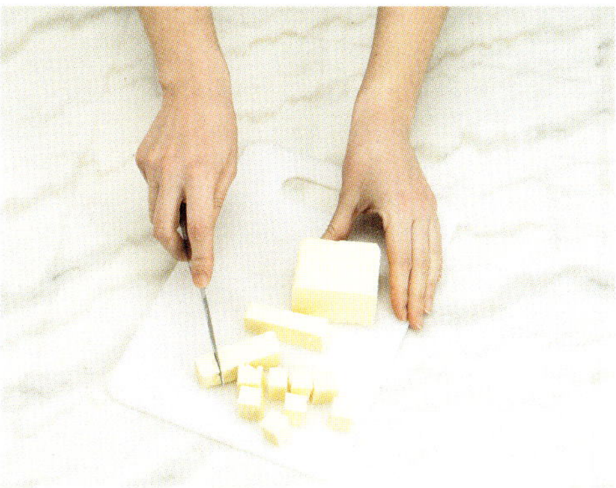

1 PRÉPARATION. Préchauffez le four à 210° (th. 7). Coupez de beurre en dés.

2 PRÉPARATION DU CHOCOLAT. Râpez les 80 g de chocolat noir dans un bol à l'aide d'une râpe à fromage.

Ingrédients
(pour 4 à 6 personnes)

- ✓ *100 g de farine de blé ordinaire tamisée*
- ✓ *100 g de beurre ramolli + 20 g pour le moule*
- ✓ *100 g de sucre glace*
- ✓ *2 œufs*
- ✓ *80 g de chocolat noir (70 % cacao)*
- ✓ *1 c. à soupe de cacao en poudre*
- ✓ *70 g de noix de coco râpée*
- ✓ *20 g d'amandes en poudre*
- ✓ *1 pincée de levure chimique*
- ✓ *2 c. à soupe de rhum*

Ustensile

- ✓ *un moule à cake*

3 MÉLANGE. Versez dans un saladier les 100 g de beurre ramolli découpé en dés et les 100 g de sucre glace. Mélangez jusqu'à obtenir une crème onctueuse. Incorporez un œuf puis les 20 g d'amandes en poudre tout en mélangeant bien.

4 INCORPORATION. Versez les 100 g de farine en pluie puis ajoutez le 2e œuf sans cesser de mélanger.

› DÉGUSTATION

Ce cake est délicieux quand il est servi tiède. Vous pouvez l'accompagner d'une crème anglaise parfumée au café ou encore d'une glace à la vanille. Dégustez-le accompagné d'un café ou d'un chocolat viennois.

5 MÉLANGE. Ajoutez la pincée de levure chimique, la c. à soupe de cacao en poudre, les 70 g de noix de coco râpée et les 80 g de chocolat noir râpé. Mélangez bien.

6 CUISSON. Versez la pâte dans le moule préalablement beurré et fariné. Baissez la température à 180° (th. 6) et enfournez pour 40 min. À la sortie du four, arrosez le cake avec le rhum et attendez une dizaine de minutes avant de le démouler et de le laisser refroidir sur une grille.

Préparation : 20 minutes | Repos : 2 heures | Cuisson : aucune | Réalisation : facile | Coût : bon marché

Charlotte
aux fraises

Quand arrive la saison des fraises, rien de tel qu'une charlotte. C'est un dessert léger et rafraîchissant qui vient couronner agréablement un déjeuner sophistiqué. Servez la charlotte avec un coulis de fraises ou de framboises pour le plaisir des yeux et du palais. Vous pouvez aussi la réaliser en mélangeant plusieurs fruits rouges.

1 Préparation. Faites tremper les 2 feuilles de gélatine dans un grand bol d'eau froide pour les ramollir. Rincez, égouttez, puis équeutez les fraises. Réservez quelques fraises pour la décoration et roulez les autres dans les 50 g de sucre, puis réservez-les.

2 Préparation de la crème à la vanille. Faites bouillir les 25 cl de lait et la 1/2 gousse de vanille fendue dans la longueur. Laissez infuser la vanille environ 10 min. Dans un bol, fouettez les 3 jaunes d'œufs et les 70 g de sucre pendant 10 min. Versez ce mélange dans la casserole de lait tiède.

3 Cuisson de la crème à la vanille. Enlevez la gousse de vanille. Faites chauffer la crème à feu doux en remuant avec une spatule. Le mélange ne doit pas bouillir. Lorsqu'il nappe la spatule, ôtez la casserole du feu.

4 Refroidissement. Mettez le fond de la casserole dans un bain-marie d'eau froide pour arrêter la cuisson. Faites ramollir 2 feuilles de gélatine dans un peu d'eau et incorporez-les dans la crème à la vanille encore chaude. Fouettez de temps en temps pendant le refroidissement.

5 Préparation de la chantilly. Fouettez au batteur à vitesse moyenne, puis rapide, les 20 cl de crème liquide très froide avec le sucre vanillé.
Dès que la crème épaissit, arrêtez et réservez au frais. Incorporez la chantilly à la crème à la vanille refroidie.

6 Assemblage. Beurrez les côtés du moule à charlotte et disposez les biscuits à la cuillère. Coupez ceux qui dépassent. Saupoudrez le fond du moule de sucre. Remplissez un tiers du moule de la crème, puis alternez une couche de fraises et le reste de crème. Mettez au réfrigérateur.

Ingrédients
(pour 6 à 8 personnes)

- ✓ *14 biscuits à la cuillère*
- ✓ *250 g de fraises fraîches*
- ✓ *50 g de sucre en poudre*
- ✓ *2 feuilles de gélatine*

Pour la crème à la vanille
- ✓ *25 cl de lait*
- ✓ *3 jaunes d'œufs*
- ✓ *1/2 gousse de vanille*
- ✓ *70 g de sucre en poudre*

Pour la chantilly
- ✓ *20 cl de crème liquide*
- ✓ *1 sachet de sucre vanillé*

Ustensile
- ✓ *un moule à charlotte*

Préparation : 1 heure | Repos : 6 heures | Cuisson : 15 minutes | Réalisation : facile | Coût : bon marché

Charlotte
folie

Succombez sans remords à ce magnifique dessert glacé aux fruits exotiques. Subtilement parfumé au rhum, c'est un gâteau de fête d'exception, à déguster par une chaude journée estivale…

1 Trempage des feuilles de gélatine. Faites tremper les 4 feuilles de gélatine dans un bol d'eau froide. Faites chauffer les 25 cl de lait dans une casserole avec la gousse de vanille fendue en deux dans le sens de la longueur.

2 Ajout du lait. Dans un saladier, battez les 4 jaunes d'œufs et les 100 g de sucre jusqu'à ce que le mélange blanchisse. Versez le lait chaud en filet sur la crème tout en mélangeant.

3 Cuisson de la crème. Reversez le tout dans une casserole. Faites épaissir sur feu doux en remuant doucement à la cuillère en bois. Retirez du feu au premier bouillon.

4 Ajout de la gélatine. Ajoutez à la crème les 4 feuilles de gélatine bien essorées entre vos doigts. Remuez pour la dissoudre. Filtrez la crème dans un saladier au travers d'un chinois. Laissez refroidir.

5 Préparation de la crème fouettée. Fouettez les 25 cl de crème fraîche avec les 100 g de sucre. Lavez, épluchez et découpez les fruits en petits morceaux. Mixez les trois quarts des fruits. Ajoutez la pulpe à la crème et incorporez les 5 cl de rhum.

6 Finition. Versez dans le moule à charlotte. Mettez au réfrigérateur et laissez reposer au moins 6 h. Démoulez sur un plat froid. Décorez avec les morceaux de fruits restants. Servez aussitôt.

Ingrédients
(pour 6 personnes)

Pour la charlotte
- ✓ *4 feuilles de gélatine*
- ✓ *25 cl de lait*
- ✓ *1 gousse de vanille*
- ✓ *4 jaunes d'œufs*
- ✓ *100 g de sucre en poudre*

Pour la crème fouettée
- ✓ *25 cl de crème fraîche*
- ✓ *100 g de sucre en poudre*
- ✓ *5 cl de rhum*
- ✓ *3 fruits de la passion*
- ✓ *1 petit ananas*
- ✓ *1 mangue*

Ustensile
- ✓ *un moule à charlotte*
- ✓ *un chinois*

› DÉGUSTATION

Servez votre charlotte folie bien fraîche. Vous l'accompagnerez d'un coulis aux fruits rouges ou bien d'une crème anglaise légèrement parfumée à la vanille ou à la cannelle. Un dessert idéal pour l'été !

Préparation : 20 minutes | Repos : aucun | Cuisson : 25 minutes | Réalisation : très facile | Coût : bon marché

Clafoutis
aux cerises

L'épaisse et riche pâte à clafoutis peut accueillir toutes sortes de fruits. La recette varie d'une région à l'autre, selon les fruits que l'on y récolte : mirabelles en Lorraine, pruneaux dans le Lot. Généralement, le clafoutis se fait avec les fruits de saison, mais vous pouvez aussi utiliser des fruits congelés ou au sirop.

1 Préparation. Dans une casserole, faites bouillir les 25 cl de lait avec la gousse de vanille préalablement fendue en deux et raclée avec la pointe d'un couteau pour en libérer les graines.

2 Mélange. Dans un saladier, fouettez les 4 œufs et les 200 g de sucre. Ajoutez les 200 g de farine et mélangez rapidement pour obtenir une pâte bien lisse.

Ingrédients
(pour 8 personnes)

- ✓ 25 cl de lait
- ✓ 200 g de farine tamisée
- ✓ 200 g de sucre en poudre
- ✓ 4 œufs
- ✓ 1 gousse de vanille
- ✓ 2 c. à soupe de rhum
- ✓ 500 g de cerises burlat ou griottes
- ✓ 15 g de beurre pour le moule

Ustensile

- ✓ un moule à gratin

3 Amalgame. Lorsque le lait a bouilli, laissez infuser quelques minutes, puis retirez la gousse de vanille en raclant le reste des graines. Ajoutez le lait aromatisé à la pâte. Une fois celui-ci bien incorporé, versez les 2 c. à soupe de rhum.

4 Préparation de la garniture. Préchauffez le four à 200° (th. 6-7). Dénoyautez les cerises et mélangez-les à la pâte. Beurrez un plat à gratin et farinez-le légèrement. Versez le clafoutis jusqu'aux 3/4 du moule.

› Variation gourmande

Le clafoutis se fait au début de l'été avec les grosses cerises. Mais, si le cœur vous en dit, vous pouvez remplacer les fruits frais par des cerises congelées ou au sirop. Vous pourrez également improviser au fil des saisons un clafoutis avec des pêches, des abricots, des poires ou des prunes et, pourquoi pas, mélanger deux sortes de fruits.

5 Cuisson. Enfournez et laissez cuire pendant 15 min, puis baissez la température à 180° (th. 6) et poursuivez la cuisson encore 20 min. Laissez tiédir dans le plat avant de déguster, sans démouler.

Conservation. Avant la cuisson, vous pouvez congeler la pâte contenant les fruits. Dans ce cas, le jour de la dégustation, ne décongelez pas, mais faites simplement cuire le clafoutis 10 min. de plus.

Préparation : 20 minutes | Repos : aucun | Cuisson : 35 minutes | Réalisation : très facile | Coût : bon marché

Crumble
au chocolat noir

Savourez ce crumble délicatement sablé, au croquant irrésistible.
C'est le dessert parfait pour tous les passionnés de chocolat.
Un dessert à la fois simple et sympa, vraiment facile à réussir !

1 Préparation des pommes. Préchauffez le four à 180° C (th. 6). Pelez, épépinez et découpez les 6 pommes en dés. Déposez-les dans un plat à gratin.

2 Ajout du jus de citron. Arrosez les dés de pommes avec le jus d'un citron. Saupoudrez avec 2 c. à soupe de cassonade et mélangez.

Ingrédients
(pour 6 personnes)

- ✓ *200 g de pépites de chocolat noir*
- ✓ *120 g de cassonade*
- ✓ *6 pommes Reinette*
- ✓ *le jus d'un citron*
- ✓ *200 g de farine de blé ordinaire tamisée*
- ✓ *1 gousse de vanille*
- ✓ *100 g de beurre mou*
- ✓ *1 c. à café de cannelle en poudre*

Ustensile

- ✓ *un plat à gratin*

3 Préparation de la vanille. Fendez la gousse de vanille en deux dans le sens de la longueur et grattez l'intérieur à l'aide de la pointe d'un couteau. Ajoutez les grains aux pommes.

4 Réalisation du crumble. Dans un saladier, mélangez du bout des doigts les 100 g de beurre coupé en dés, les 200 g de farine, la c. à café de cannelle et le reste de cassonade jusqu'à obtention d'un crumble friable.

5 Ajout des pépites. Mélangez rapidement les 200 g de pépites de chocolat au crumble.

6 Cuisson. Répartissez le crumble sur les pommes et enfournez. Laissez cuire pendant 35 min.

› DÉGUSTATION

Servez le crumble au chocolat noir peu après sa sortie du four, encore tiède, en proposant une boule de glace à la vanille ou à la cannelle pour l'accompagner.
En boisson, vous pourrez déguster un café expresso ou un thé parfumé à la cannelle.

Crumble
aux dattes

Ce crumble est un véritable petit délice, à présenter après un repas ou bien à l'heure du thé, vers la fin de l'après-midi. Riche en saveurs et en énergie, vous le savourerez été comme hiver…

1 Préparation des moules. Préchauffez le four à 200° (th. 6-7). Beurrez les petits moules avec les 10 g de beurre mou à l'aide d'un pinceau à pâtisserie.

2 Préparation des dattes. Coupez les dattes en deux, puis ôtez les noyaux et coupez-les en petits morceaux. Répartissez-les dans le fond de chaque moule beurré.

Ingrédients
(pour 4 personnes)

- *400 g de dattes*
- *100 g de farine de blé*
- *100 g de beurre + 10 g*
- *70 g de cassonade*
- *1 pincée de sel*
- *60 g de noisettes concassées*

Pour le sirop à l'orange
- *2 oranges non traitées*
- *200 g de sucre en poudre*
- *1 c. à soupe d'eau de fleur d'oranger*

Ustensiles
- *4 petits moules à gratin*

3 Mélange de la farine. Dans un saladier, mélangez du bout des doigts les 100 g de farine avec les 100 g de beurre, les 70 g de cassonade et la pincée de sel afin d'obtenir une pâte grossièrement sableuse.

4 Cuisson. Recouvrez-en les dattes, parsemez les 60 g de noisettes concassées et mettez à cuire 15 min. Une croûte bien dorée doit se former.

› DÉGUSTATION

Servez les crumbles aux dattes accompagnés d'une boule de glace au caramel au beurre salé ou tout simplement d'une glace à la vanille.
Comme boisson, vous pourrez proposer un thé parfumé à la vanille ou à la cannelle.

5 Préparation du sirop. Lavez les deux oranges, râpez leur zeste très finement à l'aide d'une petite râpe à main et réservez. Pressez les oranges au presse-agrumes.

6 Cuisson du sirop. Versez le jus des oranges dans une petite casserole, ajoutez les 200 g de sucre et la c. à soupe d'eau de fleur d'oranger. Faites chauffer quelques minutes jusqu'à l'obtention d'un sirop. Laissez tiédir et ajoutez les zestes d'orange. Versez le sirop sur le crumble chaud ou tiède.

Préparation : 25 minutes | Repos : aucun | Cuisson : 40 minutes | Réalisation : très facile | Coût : bon marché

Délice
à l'orange

Un gâteau-souvenir d'enfance qui porte bien son nom et dont on ne se lasse jamais. À préparer pour un goûter ou tout simplement pour se faire plaisir, servi avec un café grand cru !

1 Préparation. Préchauffez le four à 210° (th. 7). Beurrez légèrement le moule à cake puis farinez-le. Découpez les 150 g de beurre ramolli en dés.

2 Préparation de la pâte. Travaillez le beurre avec une spatule puis ajoutez les 125 g de cassonade, les 2 sachets de sucre vanillé, les 3 œufs, le jus d'orange et le zeste finement râpé. Aidez-vous du fouet pour bien mélanger.

3 Mélange. Versez dans un saladier les 150 g de farine et le demi-sachet de levure et mélangez.

4 Incorporation. Incorporez la farine en pluie puis les 100 g d'amandes en poudre. Votre pâte doit être bien homogène.

5 Garnissage. Remplissez le moule de ce mélange. Lissez le dessus avec une spatule.

6 Cuisson. Mettez à four chaud et baissez la température à 180° (th. 6) pendant environ 40 min. À la sortie du four, arrosez le cake des 2 cuillères de rhum et attendez une dizaine de min. avant de démouler votre cake. Laissez refroidir sur une grille.

Ingrédients
(pour 4 à 6 personnes)

- ✓ *150 g de farine de blé ordinaire tamisée + 1 c. à soupe pour le moule*
- ✓ *150 g de beurre ramolli + 5 g pour le moule*
- ✓ *125 g de cassonade*
- ✓ *3 œufs*
- ✓ *100 g d'amandes en poudre*
- ✓ *le jus d'une orange*
- ✓ *le zeste d'une orange râpé*
- ✓ *2 sachets de sucre vanillé*
- ✓ *2 c. à soupe de rhum*
- ✓ *1/2 sachet de levure chimique*

Ustensile
- ✓ *un moule à cake d'environ 24 cm*

› TRUCS ET ASTUCES

Vous pouvez remplacer le zeste d'orange râpé par de petits dés d'écorce d'orange confite. Dans ce cas, diminuez la quantité de cassonade. Le chocolat et l'orange se marient très bien. Pourquoi ne pas ajouter 50 g de pépites de chocolat à votre pâte ? Ou encore décorer le délice à l'orange d'une couche de chocolat pâtissier que vous ferez fondre au bain-marie !

Préparation : 25 minutes | Repos : aucun | Cuisson : 40 minutes | Réalisation : très facile | Coût : bon marché

Délicieux
aux noisettes

Ce gâteau d'inspiration ardéchoise est une bonne idée pour un goûter d'hiver. Le mariage du café et des noisettes donne une saveur singulière qui surprendra vos convives. À déguster avec un bon café ou un chocolat chaud.

1 Préparation. Préchauffez le four à 180° (th. 6). Beurrez et farinez légèrement le moule. Cassez les 3 œufs et séparez les blancs des jaunes en les versant respectivement dans deux bols.

2 Fonte du chocolat. Découpez les 150 g de chocolat en petits carrés. Versez-les dans une casserole ou dans un cul de poule allant sur le feu, ajoutez les 4 c. à soupe de lait et faites fondre doucement. Délayez les 3 c. de café soluble dans 1 c. à soupe d'eau et ajoutez dans le chocolat fondu.

Ingrédients

(pour 4 à 6 personnes)

- ✓ *75 g de farine de blé pâtissière tamisée*
- ✓ *150 g de chocolat noir pâtissier*
- ✓ *80 g de poudre de noisettes + 2 c. à soupe*
- ✓ *150 g de beurre ramolli + 10 g*
- ✓ *150 g de sucre en poudre*
- ✓ *3 œufs*
- ✓ *3 c. à café de café soluble*
- ✓ *4 c. à soupe de lait*

Ustensile

- ✓ *un moule carré d'environ 22 cm de côté*

3 Mélange beurre-sucre. Découpez les 150 g de beurre ramolli en dés, mettez-les dans un saladier et ajoutez les 150 g de sucre en poudre. Travaillez avec une spatule pour obtenir un mélange crémeux.

4 Incorporation. Incorporez le chocolat fondu dans le mélange beurre-sucre. Ajoutez les jaunes d'œufs, les 80 g de poudre de noisettes et les 75 g de farine. Montez les 3 blancs d'œufs en neige ferme avec un fouet électrique. Ajoutez-les en trois fois dans la pâte en vous aidant d'une spatule.

› Trucs et astuces

Veillez à ne pas ouvrir le four durant la première demi-heure car le gâteau retomberait aussitôt. Vous pouvez enrichir votre délicieux en le coupant en deux pour en tartiner l'intérieur d'un mélange de 3 c. à soupe de miel liquide et de 1 c. à soupe de jus d'orange légèrement tiédi.

5 Garnissage. Versez la pâte dans le moule et lissez le dessus.

6 Cuisson. Mettez à cuire environ 40 min. Démoulez le gâteau et laissez refroidir. Saupoudrez des 2 c. à soupe de poudre de noisettes.

Préparation : 15 minutes | *Repos : aucun* | *Cuisson : 40 minutes* | *Réalisation : très facile* | *Coût : bon marché*

Far
aux pommes

Révisez vos classiques et préparez rapidement un délicieux dessert aux pommes fondantes et caramélisées, délicatement parfumées d'un soupçon de cannelle… Et pour que votre bonheur soit parfait, il vous reste à le savourer… au bord de la mer !

1 PRÉPARATION DE LA PÂTE. Préchauffez le four à 180° (th. 6). Mettez dans un grand saladier les 75 g de sucre, la pincée de sel, la c. à café de levure et cassez les 2 œufs. Ajoutez la farine.

2 AJOUT DU LAIT. Délayez progressivement avec les 50 cl de lait. Mélangez à l'aide d'un batteur électrique à vitesse moyenne pour obtenir un mélange bien homogène.

3 PRÉPARATION DES POMMES. Lavez et pelez les pommes, enlevez le cœur. Découpez-les en gros quartiers.

4 PRÉPARATION DU MOULE. Beurrez le moule à l'aide d'un pinceau à pâtisserie. Versez la pâte dans le moule.

5 CUISSON. Couvrez d'une couche de pommes sans les faire pénétrer dans la pâte. Enfournez et laissez cuire pendant 40 min. Les pommes doivent prendre une couleur légèrement foncée.

6 FINITION. Saupoudrez le dessus du far 5 min. avant la fin de la cuisson avec le mélange de sucre et de cannelle. À la sortie du four, laissez refroidir puis servez dans le plat de cuisson.

Ingrédients
(pour 4 à 6 personnes)

- ✓ 125 g de farine de blé ordinaire tamisée
- ✓ 75 g de sucre en poudre
- ✓ 1 pincée de sel
- ✓ 1 c. à café de levure chimique
- ✓ 2 œufs
- ✓ 50 cl de lait
- ✓ 500 g de pommes
- ✓ 10 g de beurre pour le plat

Décoration
- ✓ 50 g de sucre roux
- ✓ 1 c. à café de cannelle en poudre

Ustensile
- ✓ un plat rond allant au four

› VARIATION GOURMANDE

Vous pouvez aussi parfumer la pâte en ajoutant 2 sachets de sucre vanillé et en incorporant 2 c. à soupe de rhum, de cognac ou de calvados. Pour un dessert encore plus festif, servez le far aux pommes avec une boule de glace à la vanille ou encore une sauce au chocolat.

Préparation : 30 minutes | Repos : aucun | Cuisson : 40 minutes | Réalisation : très facile | Coût : très bon marché

Fondant
au chocolat

Unique et sublime, ce gâteau tout simple au chocolat fera fondre de plaisir vos invités. À accompagner d'une crème anglaise bien fraîche et d'une feuille de menthe…

1 Fonte du chocolat. Cassez les 100 g de chocolat noir en petits morceaux dans un saladier, faites-le fondre lentement au bain-marie. Incorporez les 5 cl de crème liquide en mélangeant bien. Préchauffez votre four à 150° (th. 5).

2 Préparation de la pâte du fondant. Dans une jatte, fouettez les 4 jaunes d'œufs et les 100 g de sucre jusqu'à ce que le mélange blanchisse. Ajoutez les 5 cl de crème restants, les 100 g de farine et les 50 g de cacao. Mélangez bien, incorporez le mélange du chocolat-crème fondu.

Ingrédients
(pour 6 personnes)

- ✓ *100 g de chocolat noir*
- ✓ *5 cl de crème liquide*
- ✓ *4 œufs*
- ✓ *100 g de sucre*
- ✓ *10 cl de crème liquide*
- ✓ *100 g de farine*
- ✓ *50 g de cacao en poudre*
- ✓ *10 g de beurre mou pour le moule*
- ✓ *1 c. à soupe de farine pour le moule*
- ✓ *2 c. à soupe de sucre glace*
- ✓ *1 pincée de sel*

Ustensile

- ✓ *un moule à cake*

3 Préparation des œufs en neige. À l'aide d'un batteur électrique, montez les 4 blancs d'œufs en neige avec une pincée de sel et mélangez-les délicatement à la préparation.

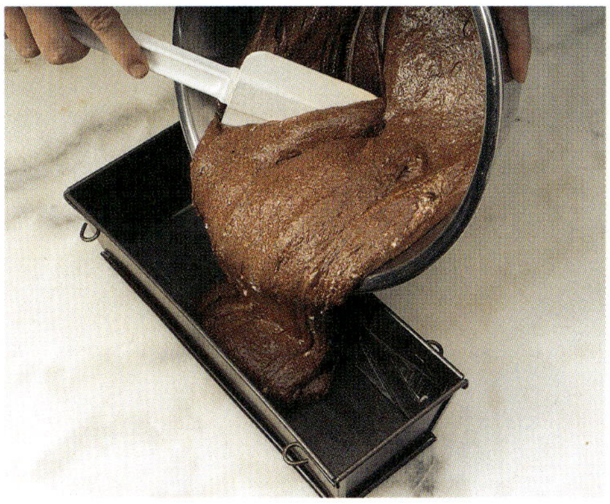

4 Cuisson du fondant. Beurrez le moule à cake avec les 10 g de beurre ramolli à l'aide d'un pinceau de pâtisserie. Farinez le moule avec la c. à soupe de farine. Versez la préparation délicatement dans le moule. Enfournez pendant 40 min.

›Dégustation

Ce gâteau particulièrement riche et généreux peut très bien être servi avec un café dans l'après-midi et se déguster loin des repas. Vous apprécierez peut-être encore mieux ses saveurs onctueuses. Pour cette recette, choisissez un chocolat à 70 % de cacao minimum afin de garantir un parfum en cacao un peu corsé.

5 Démoulage du fondant. Attendez que le gâteau soit complètement refroidi pour le démouler directement sur un plat de service.

6 Décoration du fondant. Avant de servir le fondant au chocolat, saupoudrez-le d'un léger nuage avec les 2 c. à soupe de sucre glace à l'aide d'une petite passoire.

Préparation : 30 minutes | Repos : 1 heure | Cuisson : 20 minutes | Réalisation : très facile | Coût : bon marché

Fraisier

Célébrez le printemps avec ce magnifique gâteau en habit de fête rouge et blanc qui éblouira petits et grands gourmands ! Un dessert riche en crème Chantilly et en fraises qui comblera les palais les plus délicats et qui se prépare la veille.

1 Préparation de la génoise. La veille, cassez les 4 œufs et versez les 125 g de sucre en poudre dans un saladier. Déposez le tout dans un bain-marie. Fouettez les œufs et le sucre jusqu'à ce que le mélange devienne mousseux et tienne légèrement au fouet.

2 Ajout de la farine. Dès que le mélange a doublé de volume, retirez du feu. Ajoutez les 125 g de farine tamisée et les 60 g de beurre fondu, mélangez bien. Préchauffez le four à 180° (th. 6).

Ingrédients
(pour 4 à 6 personnes)

Pour la génoise
- ✓ 125 g de sucre en poudre
- ✓ 125 g de farine
- ✓ 60 g de beurre fondu
- ✓ 4 œufs
- ✓ 10 g de beurre pour le moule
- ✓ 1 c. à soupe de farine

Pour la garniture
- ✓ 500 g de crème fraîche
- ✓ 50 g de sucre en poudre
- ✓ 100 g de sucre glace
- ✓ 500 g de fraises

Ustensile
- ✓ 1 moule rond à bord haut de 28 cm

3 Remplissage du moule. Beurrez le moule avec les 10 g de beurre ramolli et farinez-le avec la c. à soupe de farine. Versez la pâte dans le moule et mettez-le au four pendant 30 min.

4 Préparation de la chantilly. Le lendemain, fouettez les 500 g de crème fraîche très froide avec les 50 g de sucre en poudre pour obtenir une crème Chantilly bien ferme. Lavez les 500 g de fraises, égouttez-les et équeutez-les.

›TRUCS ET ASTUCES

Charnues et parfumées, les fraises sont parmi les fruits les plus savoureux. Elles sont présentes sur les marchés entre début avril et octobre. Fragiles, les fraises nécessitent une manipulation délicate car elles redoutent les meurtrissures et supportent mal la chaleur.

5 Découpage de la génoise. Coupez la génoise en deux dans le sens de l'épaisseur, avec un couteau à pain. Étalez la moitié de la crème sur la tranche de biscuit, disposez les fraises côte à côte, recouvrez avec le reste de crème et la deuxième moitié de la génoise.

6 Saupoudrage du sucre glace. Mettez au frais au moins 1 h. Au moment de servir, saupoudrez la surface du fraisier avec les 100 g de sucre glace au travers d'une petite passoire.

Gâteau
à la fleur d'oranger

*Goûtez toute la douceur de ce mélange subtil de yaourt frais et de fleur d'oranger...
Vous apprécierez à sa juste valeur ce délicieux gâteau à l'heure du goûter
ou du thé, à votre goût !*

1 PRÉPARATION. Cassez les 3 œufs dans un grand saladier. Battez les 3 œufs avec les 125 g de sucre à l'aide d'un batteur électrique, à petite vitesse, pour obtenir un mélange mousseux.

2 TAMISAGE DE LA FARINE. Préchauffez le four à 180° (th. 6). Tamisez ensemble, au-dessus d'un grand saladier, les 250 g de farine et les 3 c. à soupe de levure en poudre.

3 MÉLANGE ŒUFS-FARINE. Incorporez le mélange farine-levure au mélange œufs-sucre à l'aide d'une cuillère en bois.

4 AJOUT DU YAOURT. Dans un petit saladier, versez les 20 cl de yaourt nature. Battez-le avec un fouet à main et ajoutez-le au mélange précédent.

5 AJOUT DE L'EAU DE FLEUR D'ORANGER. Versez la c. à soupe d'eau de fleur d'oranger dans la pâte. Mélangez bien. Beurrez le moule à l'aide d'un pinceau à pâtisserie avec les 10 g de beurre mou.

6 CUISSON. Versez la préparation dans le moule. Cuisez au milieu du four pendant 30 min. Laissez reposer le clafoutis 30 min. au minimum avant de le démouler sur une grille à pâtisserie.

Ingrédients
(pour 6 personnes)

- ✓ *3 œufs*
- ✓ *125 g de sucre en poudre*
- ✓ *250 g de farine*
- ✓ *3 c. à café de levure chimique*
- ✓ *3 c. à soupe d'eau*
- ✓ *20 cl de yaourt nature*
- ✓ *1 c. à soupe d'eau de fleur d'oranger*
- ✓ *10 g de beurre mou pour le moule*

Ustensile

- ✓ *un moule à gratin d'environ 26 cm*

›LE SAVIEZ-VOUS ?

Le yaourt nature est fabriqué le plus souvent avec du lait demi-écrémé. Originaire d'Asie Mineure, il a été reconnu très tôt pour ses propriétés thérapeutiques par les médecins arabes. En Europe, ce n'est qu'après la Seconde Guerre mondiale que le yaourt – dont le nom dérivé du bulgare yoghourt signifie longévité – est entré dans nos habitudes alimentaires.

Préparation : 15 minutes | *Repos : aucun* | *Cuisson : 20 minutes* | *Réalisation : facile* | *Coût : bon marché*

Gâteau ananas
et noix de coco

Goûtez ce bon gros gâteau des îles, au charme irrésistible, avec la douceur exotique de la noix de coco et de l'ananas et le parfum envoûtant du rhum. Un gâteau festif et coloré !

1 PRÉPARATION DES SUCRES. Préchauffez le four à 180° (th. 6). Dans une jatte, mélangez les 125 g de sucre en poudre le sachet de sucre vanillé.

2 AJOUT DES ŒUFS. Cassez les 2 œufs dans le mélange des sucres. Fouettez à l'aide d'un batteur électrique à petite vitesse jusqu'à ce que le mélange blanchisse.

Ingrédients

(pour 4 à 6 personnes)

- ✓ *125 g de sucre en poudre*
- ✓ *1 sachet de sucre vanillé*
- ✓ *2 œufs*
- ✓ *250 g de farine de blé pâtissière tamisée*
- ✓ *100 g de beurre ramolli en dés*
- ✓ *100 g de noix de coco râpée*
- ✓ *1 c. à soupe de rhum*
- ✓ *200 g d'ananas en tranches en boîte*
- ✓ *10 g de beurre mou pour le moule*

3 AJOUT DE LA FARINE. Versez en pluie les 250 g de farine, puis ajoutez les 100 g de noix de coco râpée. Mélangez.

4 AJOUT DU BEURRE. Ajoutez petit à petit les 100 g de beurre ramolli et la c. à soupe de rhum. Mélangez bien le tout.

› DÉGUSTATION

Préparez ce gâteau de préférence la veille afin qu'il puisse refroidir à température ambiante. Servez-le accompagné d'une crème anglaise à la vanille ou d'une sauce au chocolat tiède parfumée à la cannelle.

5 PRÉPARATION DU MOULE. Beurrez le moule avec les 10 g de beurre mou ; utilisez un pinceau. Égouttez les tranches d'ananas et disposez-les sur le fond du moule.

6 CUISSON. Versez délicatement la préparation sur les tranches d'ananas. Lissez avec une spatule. Placez le gâteau dans le four, à mi-hauteur. Laissez cuire 20 min. Après la cuisson, retournez le gâteau sur un plat de service. Servez tiède ou froid.

Préparation : 20 minutes | Repos : aucun | Cuisson : 30 minutes | Réalisation : très facile | Coût : bon marché

Gâteau
aux épices

Offrez à vos invités un vrai délice pour les papilles avec ce savoureux gâteau. Cannelle, piment de Jamaïque, gingembre, clous de girofle… Son mélange original de parfums exotiques les séduira !

1 MÉLANGE FARINE-ÉPICES. Préchauffez le four à 180° (th. 6). Dans un saladier, mélangez les 180 g de farine, la c. à café de bicarbonate de soude et la 1/2 c. à café de piment de la Jamaïque, la 1/2 c. à café de cannelle, la 1/2 c. à café de gingembre, la 1/2 c. à café de girofle en poudre.

2 MÉLANGE DU SUCRE ET DU BEURRE. Dans un autre saladier, battez les 200 g de sucre et les 60 g de beurre au batteur électrique à haute vitesse jusqu'à ce que l'ensemble devienne mousseux. Ajoutez les 2 œufs et battez encore un peu.

3 AJOUT DE LA FARINE AUX ÉPICES. À faible vitesse, ajoutez graduellement le mélange farine-épices en alternant avec les 20 cl de lait.

4 PRÉPARATION DU MOULE. Beurrez le moule au pinceau avec les 10 g de beurre et farinez-le avec la c. à soupe de farine.

5 REMPLISSAGE DU MOULE. Versez doucement la pâte dans le moule. Faites cuire au four pendant 30 min.

6 DÉMOULAGE. Vérifiez la cuisson en enfonçant la pointe d'un couteau au centre du gâteau. Il est cuit lorsqu'elle en ressort propre. Laissez refroidir légèrement dans le moule posé sur une grille. Démoulez et laissez refroidir complètement sur la grille.

Ingrédients
(pour 6 à 8 personnes)

Pour la pâte
- ✓ 180 g de farine de blé ordinaire tamisée
- ✓ 1 c. à café de bicarbonate de soude
- ✓ 1/2 c. à café de piment de la Jamaïque en poudre
- ✓ 1/2 c. à café de cannelle
- ✓ 1/2 c. à café de gingembre
- ✓ 1/2 c. à café de girofle en poudre
- ✓ 200 g de sucre en poudre
- ✓ 60 g de beurre ramolli
- ✓ 2 œufs
- ✓ 20 cl de lait
- ✓ 10 g de beurre pour le moule
- ✓ 1 c. à soupe de farine pour le moule

Ustensile
- ✓ un moule rond de 28 cm à bord haut

› DÉGUSTATION

Accompagnez votre gâteau aux épices d'une crème anglaise maison ou tout simplement d'une boule de glace à la vanille ou au nougat.
Servi l'après-midi, il sera parfait avec un thé parfumé à la cannelle ou à la vanille.

Préparation : 30 minutes | Repos : aucun | Cuisson : 40 minutes | Réalisation : facile | Coût : bon marché

Gâteau
aux poires caramélisées

Voilà une jolie rosace de lamelles de poires délicatement cuites dans un caramel sous une pâte légère et mousseuse. Cette gourmandise toute de douceur sera appréciée des connaisseurs et des gourmands !

1 Préparation des poires. Épluchez les poires, épépinez-les. Coupez 3 poires en gros dés et une en tranches. Citronnez-les légèrement. Préchauffez le four à 180° (th. 6).

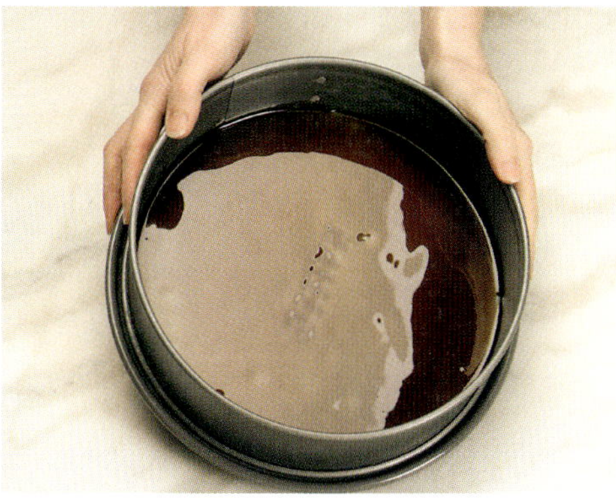

2 Cuisson du caramel. Versez 50 g de cassonade dans une casserole. Faites cuire sur feu vif pour obtenir un caramel blond. Tapissez rapidement de caramel le fond et les côtés d'un moule de 24 cm à bord haut.

Ingrédients
(pour 4 à 6 personnes)

- ✓ *4 poires*
- ✓ *125 g de cassonade*
- ✓ *150 g de beurre mou*
- ✓ *3 œufs à température ambiante*
- ✓ *200 g de farine*
- ✓ *1 sachet de levure chimique*
- ✓ *le jus d'un demi-citron*

Ustensile

- ✓ *un moule à bord haut de 24 cm*

3 Décoration du moule. Laissez tiédir. Disposez les tranches de poires en rosace au fond du moule.

4 Préparation de la pâte. Travaillez ensemble, dans une jatte, les 150 g de beurre mou en pommade avec les 75 g de cassonade restant. Ajoutez les 3 œufs en fouettant avec vigueur. Tamisez la farine avec la levure au-dessus du mélange. Incorporez-la, de même que les dés de poires.

›Trucs et astuces

N'attendez pas que le gâteau soit refroidi pour le démouler car les fruits caramélisés attacheraient au fond du moule. En revanche, dégustez-le bien froid, accompagné d'une crème fouettée parfumée à la vanille.

5 Remplissage du moule. Versez délicatement la pâte dans le moule. Glissez au centre du four et laissez cuire pendant 40 min. Le dessus doit être doré.

6 Démoulage. Laissez tiédir 5 min. Pour démouler, posez un plat sur le moule encore tiède et retournez l'ensemble d'un seul geste.

Préparation : 15 minutes | Repos : 20 minutes | Cuisson : 35 minutes | Réalisation : facile | Coût : bon marché

Gâteau basque
aux cerises

Savourez un authentique dessert de caractère. Au Pays basque, ce célèbre gâteau aux cerises est de toutes les fêtes dansées et chantées. Un grand moment de gourmandise et un plaisir à partager au moment du dessert !

1 Préparation. Coupez les 180 g de beurre en dés. Versez les 300 g de farine dans un saladier et creusez un puits.

2 Mélange. Mettez dans le puits 4 jaunes d'œufs, les 180 g de beurre en dés, les 150 g de sucre glace, les 30 g d'amandes en poudre et la pincée de sel. Mélangez rapidement du bout des doigts.

Ingrédients
(pour 4 à 6 personnes)

- ✓ *300 g de farine de blé ordinaire tamisée*
- ✓ *150 g de sucre glace*
- ✓ *30 g d'amandes en poudre*
- ✓ *180 g de beurre ramolli + 20 g pour le moule*
- ✓ *4 jaunes d'œufs + 1*
- ✓ *1 pot de confiture de cerises*
- ✓ *1 pincée de sel*

Ustensile

- ✓ *un moule rond à bord haut, type moule à manqué d'environ 24 cm de diamètre*

3 Temps de repos. Formez une boule de pâte, couvrez d'un film alimentaire et mettez au frais pendant 20 min.

4 Façonnage. Préchauffez le four à 180° (th. 6). Beurrez légèrement le moule. Partagez la boule de pâte en 2 parties, l'une un peu plus grosse que l'autre. Étalez au rouleau et faites 2 disques, l'un de 28 cm de diamètre, l'autre de 26 cm de diamètre.

›TRUCS ET ASTUCES

Cette recette pâtissière peut aussi être réalisée avec du sucre en poudre et sans amandes en poudre. Il faut alors augmenter de 30 g la quantité de farine. Cela donne une pâte plus consistante et plus facile à découper.

5 Garnissage. Mettez le disque de pâte de 28 cm dans le moule légèrement beurré. Étalez la confiture de cerises en une couche régulière. Couvrez avec l'autre cercle de pâte. Soudez bien les bords avec les doigts.

6 Cuisson. Striez le dessus du gâteau avec les dents d'une fourchette. Badigeonnez le dessus de jaune d'œuf battu à l'aide d'un pinceau. Mettez à four chaud pendant 35 min. environ. Démoulez à la sortie du four et laissez refroidir sur une grille.

Préparation : 20 minutes | Repos : aucun | Cuisson : 40 minutes | Réalisation : très facile | Coût : très bon marché

Gâteau
pommes-raisins

Voici une recette de gâteau comme en préparaient les grands-mères d'autrefois : un gâteau robuste et riche en vitamines, bourré de raisins secs, à déguster encore tiède, accompagné d'un bon verre de lait de ferme !

1 Préparation. Préchauffez le four à 180° (th. 6). Déposez les 120 g de raisins secs dans un bol et couvrez du jus de la demi-orange.

2 Préparation du lait. Versez les 15 cl de lait et 120 g de cassonade dans une casserole à fond épais et laissez tiédir. Ôtez du feu.

Ingrédients
(pour 4 à 6 personnes)

- ✓ *250 g de farine de blé ordinaire tamisée*
- ✓ *15 cl de lait*
- ✓ *10 cl d'huile*
- ✓ *120 g de cassonade*
- ✓ *120 g de raisins secs*
- ✓ *le jus d'une demi-orange*
- ✓ *3 pommes*
- ✓ *1 pincée de sel*
- ✓ *1/4 de sachet de levure chimique*

Ustensile
- ✓ *un moule rond à bord haut d'environ 24 cm*

3 Mélange. Versez les 250 g de farine, la pincée de sel et le quart de sachet de levure chimique dans un saladier et mélangez.

4 Préparation des pommes. Épluchez les 3 pommes, coupez-les en quatre, ôtez le cœur et les pépins. Découpez-les en tranches un peu épaisses.

›Trucs et astuces

Vous pouvez rendre votre gâteau encore plus nourrissant en prenant une farine de blé semi-complète. Choisissez de préférence une variété de pommes un peu acide, qui se mariera très bien avec les saveurs sucrées des raisins secs. Si vous n'avez pas d'orange fraîche, vous pouvez très bien prendre du jus d'orange en bouteille.

5 Finition de la pâte. Versez les raisins secs, les 10 cl d'huile et le lait sucré dans le saladier de farine. Mélangez bien avec une spatule.

6 Cuisson. Huilez légèrement le moule. Versez la pâte. Lissez bien le dessus, puis déposez les tranches de pomme. Saupoudrez de sucre et mettez à cuire 40 min. environ.

Préparation : 20 minutes | *Repos : aucun* | *Cuisson : 12 minutes* | *Réalisation : facile* | *Coût : bon marché*

Gâteau roulé
à la mûre

Empruntez les chemins de la gourmandise et offrez-vous un vrai plaisir sucré.
Le gâteau roulé à la confiture de mûre vous rappellera votre enfance
et vous aurez à cœur de le faire partager à vos proches.
Un gâteau qui se prépare en famille avec une bonne confiture maison !

1 PRÉPARATION. Préchauffez le four à 150° (th. 5). Séparez les blancs des jaunes. Réservez les blancs dans un grand bol. Déposez les jaunes dans un saladier avec les 120 g de sucre en poudre. Fouettez jusqu'à ce que le mélange blanchisse légèrement.

2 MÉLANGE. Incorporez les 30 g de farine et les 50 g de fécule de pomme de terre. Versez une pincée de sel dans les blancs et montez-les en neige ferme en vous aidant du fouet de votre batteur.

Ingrédients
(pour 4 à 6 personnes)

- ✓ *30 g de farine de blé ordinaire tamisée*
- ✓ *3 œufs*
- ✓ *50 g de fécule de pomme de terre*
- ✓ *120 g de sucre en poudre*
- ✓ *20 g de beurre*
- ✓ *1 pot de gelée de mûre*
- ✓ *1 pincée de sel*
- ✓ *sucre glace*

Ustensiles
- ✓ *une plaque à pâtisserie*
- ✓ *une poche à douille*

3 INCORPORATION. Incorporez délicatement ces blancs en neige à la pâte avec une spatule ou un fouet.

4 FAÇONNAGE. Beurrez la plaque à pâtisserie, ou garnissez-la d'un papier sulfurisé. Déposez la pâte en une couche régulière à l'aide d'une poche à douille. Mettez à four chaud pendant 12 min. en surveillant bien la pâte pour éviter qu'elle ne noircisse.

› VARIATION GOURMANDE

Vous pouvez aussi fourrer votre gâteau roulé d'une gelée de framboises ou d'une confiture de fraises ou d'abricots, ou encore le garnir de crème pâtissière parfumée à la vanille et le napper d'une épaisse couche de fromage blanc sucré et vanillé. Si vous êtes amoureux de chocolat préparez une bonne crème chocolatée et fourrez l'intérieur.

5 MOULAGE. Retournez la pâte sur un linge mouillé et roulez-la en un gros boudin. Déroulez aussitôt.

6 GARNISSAGE. Étalez une fine couche de gelée de mûres. Roulez de nouveau le gâteau et laissez refroidir. Ôtez ensuite le linge et saupoudrez de sucre glace avant de servir.

Préparation : 10 minutes | Repos : aucun | Cuisson : 8 minutes | Réalisation : très facile | Coût : très bon marché

Gâteaux coulants
au chocolat

Ces petits gâteaux raffinés vont affoler les amoureux de la fève de cacao. Vous les préparerez à la dernière minute et les servirez encore tièdes à votre table gourmande. Aussi simples que délicieux !

Ingrédients
(pour 6 gâteaux)

- ✓ 150 g de chocolat noir pâtissier
- ✓ 75 g de beurre + 5 g pour les moules
- ✓ 1 œuf + 2 jaunes d'œufs
- ✓ 40 g de sucre en poudre
- ✓ 30 g de sucre en poudre

Ustensiles

- ✓ six petits ramequins d'environ 6 cm de diamètre à bord haut

1 PRÉPARATION. Préchauffez le four à 200° (th. 6-7). Beurrez légèrement les moules et saupoudrez les parois d'un peu de sucre en poudre. Tapotez les moules retournés pour éliminer l'excédent de sucre.

2 PRÉPARATION DU CHOCOLAT. Râpez les 150 g de chocolat noir. Déposez les copeaux dans un grand bol pour les faire fondre au bain-marie.

3 FONTE DU CHOCOLAT. Portez une casserole d'eau au frémissement. Déposez le bol de chocolat dans la casserole d'eau. Laissez fondre le chocolat. Ajoutez les 75 g de beurre. Mélangez avec une spatule. Ôtez la casserole du bain-marie.

4 PRÉPARATION DES ŒUFS. Déposez les 2 jaunes d'œufs et l'œuf entier dans un saladier avec les 30 g de sucre en poudre. Fouettez à l'aide d'un batteur électrique jusqu'à ce que le mélange blanchisse et devienne mousseux.

5 FINITION DE LA PÂTE. Versez la crème au chocolat sur les œufs fouettés et mélangez délicatement avec une spatule. Versez dans les petits moules.

6 CUISSON. Mettez à cuire 8 minutes environ. Laissez tiédir et servez.

› VARIATION GOURMANDE

Vous pouvez déposer un ou deux dés de gingembre confit au fond de vos petits moules avant de couler le chocolat. Une petite framboise fraîche ou des dés de mangue seront aussi bienvenus dans vos gâteaux. Pour relever l'ensemble, vous pouvez très bien choisir un beurre salé à la place d'un beurre doux.

Préparation : 45 minutes | Repos : 1 heure 20 | Cuisson : 40 minutes | Réalisation : facile | Coût : bon marché

Kouign *aman*

Gâteau breton par excellence dont le nom signifie « pain au beurre ». Du beurre demi-sel, beaucoup de sucre, du temps et un bon tour de main sont les secrets du kouign aman, qui est aussi riche que délicieux. Originaire de Douarnenez, il est rare qu'on le trouve en dehors de la Bretagne... Pour les amateurs, c'est l'occasion de s'y mettre.

1 Préparation de la pâte. Versez les 400 g de farine dans un grand saladier en faisant un puits. Dans un bol, délayez les 10 g de levure dans les 20 cl d'eau tiède, puis versez le tout dans le puits. Incorporez les éléments peu à peu. Pétrissez pendant 5 min. Laissez reposer la pâte pendant 20 min.

2 Mélange. Farinez le plan de travail et déposez la pâte. Étalez-la à la main ou au rouleau en un rectangle. Étalez au centre les 400 g de beurre ramolli en une couche épaisse et régulière, en ayant préalablement écrasé le beurre au rouleau ou en l'ayant coupé en morceaux.

Ingrédients
(pour 6 à 8 personnes)

- ✓ *400 g de farine de blé ordinaire tamisée*
- ✓ *10 g de levure fraîche de boulanger*
- ✓ *20 cl d'eau tiède (25°)*
- ✓ *400 g de beurre demi-sel ramolli*
- ✓ *320 g de sucre en poudre*

Ustensile

- ✓ *un moule à tarte à fond amovible*

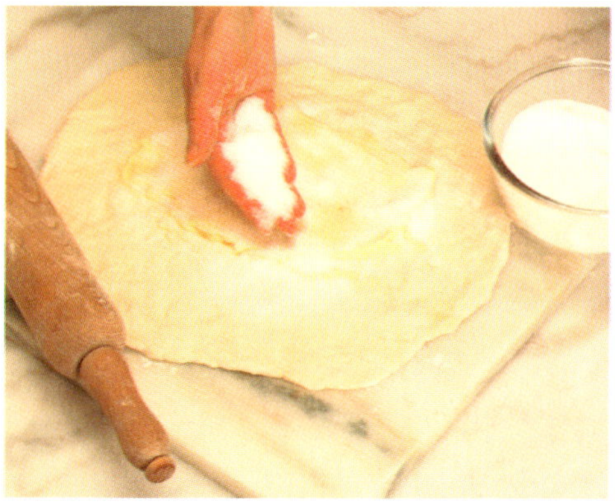

3 Premier pliage. Ajoutez les 320 g de sucre en les saupoudrant. À l'aide du rouleau à pâtisserie, appuyez doucement sur le sucre pour qu'il s'enfonce dans le beurre. Pliez la pâte en trois, en ramenant les bords vers le centre, en un rectangle. Faites attention que le beurre et le sucre ne s'échappent pas.

4 Deuxième pliage. Couvrez la pâte d'un linge sec et laissez reposer pendant 20 min. Faites pivoter la pâte d'un quart de tour, étirez-la avec les mains et écrasez-la avec les poings. Pliez-la encore en trois et laissez-la reposer 20 min.

5 Troisième pliage. Recommencez l'opération, en n'hésitant pas à recoller les morceaux qui se détachent car la pâte devient moins malléable. Pliez-la à nouveau et laissez reposer 20 min. Pendant ce temps, préchauffez le four à 200° (th. 6-7) et beurrez et farinez le moule.

6 Façonnage. Déposez la pâte dans le moule, en l'étalant avec les mains pour former une couche régulière. Enfournez et laissez cuire pendant 30 à 40 min. Au cours de la cuisson, inclinez le moule, recueillez l'excédent de beurre et arrosez-en le gâteau pour qu'il soit bien imbibé et doré.

Préparation : 25 minutes | Repos : aucun | Cuisson : 50 minutes | Réalisation : très facile | Coût : bon marché

Pain d'épices
aux noix

Si vous aimez les pains d'épices, vous allez tout simplement adorer cette version riche en noix. Particulièrement fondant en bouche, parfumé à la cannelle, il se conservera très bien plusieurs jours. À déguster avec un bon thé d'origine ou un jus de fruit !

1 PRÉPARATION. Préchauffez le four à 160° (th. 5-6). Hachez grossièrement les 80 g de cerneaux de noix.

2 PRÉPARATION DU MIEL. Versez les 200 g de miel et les 10 cl de lait dans une casserole et faites doucement chauffer. Ôtez la casserole du feu au premier bouillon.

3 MÉLANGE. Versez les 125 g de farine de blé ordinaire, les 100 g de farine complète, le demi-sachet de levure dans un saladier et mélangez.

4 FINITION DE LA PÂTE. Ajoutez les 50 g d'amandes, les noix hachées, les 3 pincées de cannelle, les 3 pincées de noix de muscade, les 3 pincées de gingembre et la demi-cuillère à café d'anis en grains. Creusez un puits et versez le miel et le lait tout en mélangeant. Incorporez l'œuf.

5 GARNISSAGE. Beurrez légèrement le moule. Versez-y la préparation.

6 CUISSON. Mettez à cuire environ 50 min. Laissez tiédir, démoulez le pain et laissez refroidir sur une grille.

Ingrédients
(pour 4 à 6 personnes)

- ✓ *200 g de miel*
- ✓ *125 g de farine de blé ordinaire tamisée*
- ✓ *100 g de farine complète*
- ✓ *50 g d'amandes en poudre*
- ✓ *10 cl de lait*
- ✓ *1 œuf*
- ✓ *80 g de cerneaux de noix*
- ✓ *3 pincées de cannelle en poudre*
- ✓ *3 pincées de gingembre en poudre*
- ✓ *3 pincées de noix de muscade râpée*
- ✓ *1/2 c. à café d'anis en grains*
- ✓ *10 g de beurre*
- ✓ *1/2 sachet de levure chimique*

Ustensile

- ✓ *un moule à cake*

›CONSERVATION

Soyez toujours vigilante avec vos épices. Ne les conservez pas trop longtemps et renouvelez-les souvent, car elles ont tendance à s'éventer assez rapidement et perdent alors une bonne partie de leur parfum.
Gardez-les à l'abri de l'humidité en prenant soin de les ranger dans des bocaux de verre hermétiquement fermés.

Paris-Brest

Ce gâteau prestigieux, inventé par un pâtissier de la banlieue parisienne à l'occasion d'une course cycliste entre Paris et Brest, est un splendide gâteau de fête. Grâce à sa forme de couronne, qui évoque une roue de bicyclette, il est aussi un régal pour les yeux !

1 PRÉPARATION. Versez dans une casserole les 15 cl d'eau, la pincée de sel, la c. à café de sucre en poudre, les 60 g de beurre découpé en dés et portez à ébullition.
Le beurre doit être fondu. Hors du feu, ajoutez en une seule fois les 90 g de farine et mélangez jusqu'à obtenir une pâte lisse et sans grumeaux.

2 INCORPORATION. Remettez la casserole sur le feu et continuez de mélanger la pâte pendant environ 15 secondes. Elle va former une boule qui n'adhère pas à la casserole. Ôtez la casserole du feu, attendez 1 min. puis incorporez les 4 œufs un à un tout en mélangeant.

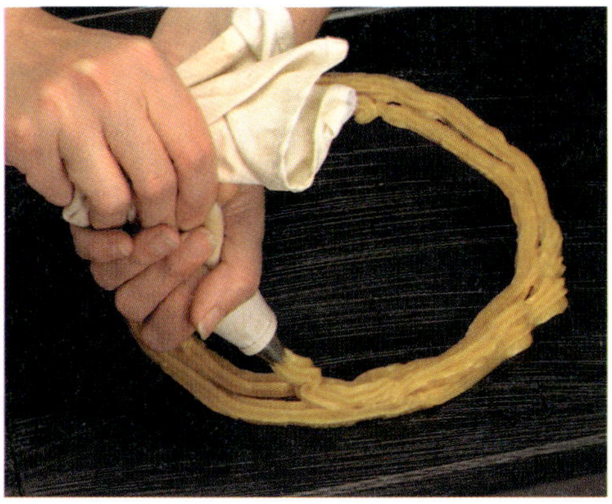

3 DÉCOUPAGE ET GARNITURE. Préchauffez le four à 210° (th. 7). Dessinez un cercle de 22 cm de diamètre sur la plaque à pâtisserie beurrée. Garnissez de pâte la poche à douille munie d'une douille n° 10, formez un cercle en suivant le dessin. Recouvrez d'un 2e et d'un 3e cercle de pâte. Badigeonnez le dessus de la pâte d'œuf battu.

4 CUISSON. Parsemez le dessus d'amandes et mettez à four chaud pendant 30 min. Laissez refroidir sur une grille. Faites chauffer les 30 cl de lait dans une casserole. Versez l'œuf et les 100 g de sucre en poudre dans un saladier et fouettez jusqu'à ce que le mélange blanchisse.

5 INCORPORATION. Ajoutez les 35 g de fécule de maïs, mélangez. Versez le lait chaud en mélangeant. Versez ce mélange dans la casserole et portez à ébullition en remuant. Après 30 secondes, ôtez du feu. Incorporez 50 g de beurre découpé en dés, mélangez et versez dans un saladier. Laissez refroidir.

6 GARNISSAGE. Ajoutez les 110 g de beurre restant tout en fouettant. Incorporez les 175 g de pralin sans cesser de fouetter.
En vous aidant d'un couteau-scie, découpez la couronne de pâte aux 2/3 de sa hauteur. Garnissez l'intérieur de la couronne de crème pralinée, puis remettez le couvercle de pâte.

Ingrédients
(pour 4 à 6 personnes)

Pour la pâte
- ✓ *90 g de farine de blé ordinaire tamisée*
- ✓ *60 g de beurre*
- ✓ *15 cl d'eau*
- ✓ *1 c. à café de sucre en poudre*
- ✓ *1 pincée de sel*
- ✓ *4 œufs + 1 œuf pour la dorure*
- ✓ *amandes effilées*

Pour la crème pralinée
- ✓ *30 cl de lait*
- ✓ *1 œuf*
- ✓ *100 g de sucre en poudre*
- ✓ *160 g de beurre ramolli*
- ✓ *35 g de fécule de maïs*
- ✓ *175 g de pralin*

Ustensiles
- ✓ *une poche à douille*
- ✓ *une douille ronde unie n° 10*
- ✓ *une douille cannelée n° 8*

Pudding
de pommes au caramel

Avec sa garniture de pommes et son bon goût de caramel, ce dessert réconfortera et comblera tous les gourmands ! Cette savoureuse recette de grand-mère est indémodable!

1 Préparation du caramel. Préchauffez le four à 180° (th. 6). Versez les 4 c. à soupe de sucre et les 2 c. à soupe d'eau dans une petite casserole à fond épais et faites chauffer jusqu'à ce que le mélange se transforme en caramel.

2 Caramélisation. Beurrez votre moule dans lequel vous verserez le caramel en le faisant tourner pour que le caramel tapisse sur toutes les parois.

3 Préparation des pommes. Épluchez les pommes, coupez-les en quatre, ôtez le cœur et les pépins et découpez-les en fines tranches.

4 Cuisson des pommes. Versez les pommes dans une casserole à fond épais. Ajoutez un verre d'eau et faites cuire à feu assez vif en remuant régulièrement jusqu'à ce que les pommes soient réduites en purée.

5 Incorporation. Versez les 100 g de sucre en poudre et la pincée de cannelle en poudre. Mélangez et laissez tiédir.

6 Cuisson. Cassez les 3 œufs dans un bol et fouettez rapidement. Incorporez-les aux pommes en fouettant. Puis versez dans le moule et mettez à cuire au bain-marie pendant 45 min. environ à 180° (th. 6). Laissez refroidir puis démoulez le pudding.

Ingrédients
(pour 4 à 6 personnes)

- ✓ *1,5 kg de pommes acides*
- ✓ *100 g de sucre en poudre*
- ✓ *3 œufs*
- ✓ *1 pincée de cannelle en poudre*
- ✓ *15 g de beurre*
- ✓ *4 c. à soupe de sucre en poudre*
- ✓ *2 c. à soupe d'eau*

Ustensile

- ✓ *un moule à charlotte*

›DÉGUSTATION

Servez votre pudding aux pommes très frais accompagné d'une crème fraîche fouettée ou bien avec une glace à la vanille. Comme boisson, vous pouvez choisir un cidre fermier bouché, un vin crémant d'Alsace ou une blanquette de Limoux.

Préparation : 20 minutes | *Repos : aucun* | *Cuisson : 35 minutes* | *Réalisation : très facile* | *Coût : très bon marché*

Savoureux
aux noix

Ce savoureux est une merveille de moelleux ! Avec son subtil mélange d'amandes et de noix hachées, il offre une délicieuse gourmandise digne des meilleurs pâtissiers. De plus, et cela restera un secret entre nous, il est vraiment très simple à réaliser !

1 Préparation. Préchauffez le four à 180° (th. 6). Versez les 180 g de farine, les 100 g d'amandes en poudre, les 100 g de noix hachées, le 1/2 sachet de levure et la pincée de cannelle dans un saladier et mélangez.

2 Mélange. Découpez les 120 g de beurre ramolli en dés. Mettez les dés de beurre dans un saladier avec les 140 g de sucre en poudre. Mélangez rapidement au fouet électrique.

3 Monter les blancs en neige. Cassez les 3 œufs et séparez les blancs des jaunes dans deux grands bols. Montez les blancs en neige en ajoutant une pincée de sel et en vous aidant d'un fouet électrique.

4 Incorporation. Incorporez un à un les jaunes dans le saladier contenant le beurre et le sucre en poudre. Mélangez soigneusement avec un fouet.

5 Finition de la pâte. Réunissez le contenu du saladier de farine et du saladier beurre-sucre-œufs. Incorporez délicatement les blancs en neige dans la pâte, en vous aidant d'une spatule.

6 Préparation du moule et cuisson. Beurrez et farinez légèrement le moule. Versez la pâte en lissant bien le dessus. Mettez à cuire environ 35 min. Démoulez le gâteau et mettez-le à refroidir sur une grille.

Ingrédients
(pour 4 à 6 personnes)

- ✓ 180 g de farine de blé pâtissière
- ✓ 120 g de beurre ramolli + 5 g
- ✓ 140 g de sucre en poudre
- ✓ 100 g d'amandes en poudre
- ✓ 100 g de noix hachées
- ✓ 3 œufs
- ✓ 1/2 sachet de levure chimique
- ✓ 1 pincée de cannelle en poudre
- ✓ 1 pincée de sel

Ustensile

- ✓ un moule carré ou un moule rond à bord haut d'environ 24 cm

› Trucs et astuces

Vous pouvez compléter la décoration de votre savoureux aux noix en ajoutant une couche de glaçage sur le gâteau refroidi. Pour cela, râpez 200 g de chocolat noir et faites-le fondre dans une petite casserole à fond épais avec 100 g de beurre. Fouettez le tout et laissez tiédir avant de couler le glaçage sur le gâteau. Lissez avec une spatule.

Succès
au café

Avec ce magnifique gâteau, vous allez déclencher les applaudissements de vos convives. Sous une meringue croquante et délicate, découvrez le fondant extraordinaire d'une crème au beurre finement parfumée au café. Succès évidemment garanti !

1 Préparation de la pâte. Préchauffez le four à 80° (th. 2-3). Dans un grand saladier au bain-marie, versez les 250 g de sucre en poudre, les 4 blancs d'œufs, la vanille et l'extrait de café.

2 Ajout de la poudre d'amandes. Battez au fouet sur feu doux, puis lorsque la composition « tient » au fouet, battez hors du feu jusqu'à complet refroidissement. Ajoutez 125 g de poudre d'amandes.

3 Remplissage de la poche à douille. Remplissez une poche à douille de la préparation.

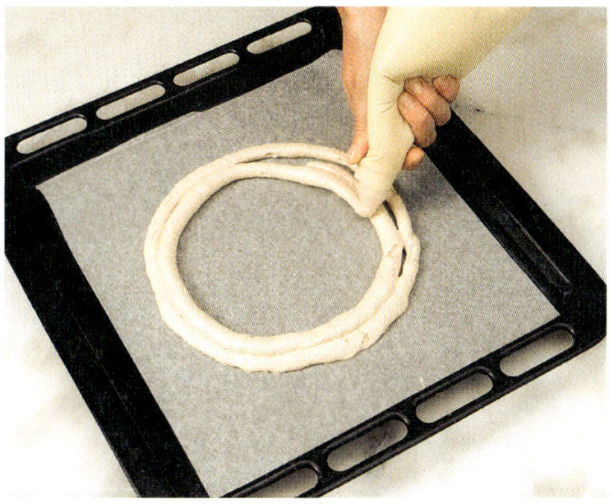

4 Positionnement de la pâte. Tracez un cercle de 20 cm de diamètre dans chaque plaque. Répartissez la pâte en dessinant une spirale. Répétez l'opération sur une autre plaque à four. Faites cuire à four entrouvert pendant 45 min. Laissez bien refroidir.

5 Préparation de la crème au beurre. Faites ramollir les 125 g de beurre en crème, travaillez-le au fouet avec les 65 g de sucre, puis ajoutez l'œuf entier et la c. à soupe d'extrait de café.

6 Finition. Garnissez un disque de succès de crème au beurre, déposez l'autre disque dessus, masquez le tour et la surface avec la crème. Recouvrez complètement d'amandes hachées grillées. Saupoudrez de sucre glace. Laissez refroidir au réfrigérateur.

Ingrédients
(pour 6 personnes)

Pour la pâte à succès
- ✓ 250 g de sucre en poudre
- ✓ 4 blancs d'œufs
- ✓ 1/2 c. à café de vanille en poudre
- ✓ 1 c. à soupe d'extrait de café
- ✓ 125 g de poudre d'amandes

Pour la crème au beurre au café
- ✓ 125 g de beurre
- ✓ 65 g de sucre en poudre
- ✓ 1 œuf
- ✓ 1 c. à soupe d'extrait de café

Décoration
- ✓ 100 g d'amandes hachées grillées
- ✓ 50 g de sucre glace

Ustensiles
- ✓ 2 plaques à four recouvertes de papier sulfurisé

› Trucs et astuces

La meringue est parfaitement cuite lorsque l'on entend un petit pétillement en la sortant du four. Elle doit alors se détacher très facilement de la plaque. Vous pouvez renforcer le parfum café de votre crème au beurre en y ajoutant une demi-cuillère à café de grains finement broyés.

Préparation : 20 minutes | Repos : aucun | Cuisson : 35 minutes | Réalisation : très facile | Coût : très bon marché

Véritable *quatre-quarts*

Souvenir, souvenir… Retrouvez les saveurs de l'enfance et préparez un vrai quatre-quarts comme autrefois. Ce grand classique des gâteaux maison est aussi un goûter idéal pour les enfants.
À vos fourneaux !

1 PRÉPARATION. Préchauffez le four à 150° (th. 5). Cassez les 3 œufs et séparez les blancs des jaunes. Réservez dans des bols séparés.

2 MÉLANGE. Versez dans un saladier les 180 g de sucre en poudre et les 3 jaunes d'œufs. Fouettez rapidement jusqu'à ce que le mélange blanchisse légèrement.

3 INCORPORATION. Incorporez peu à peu les 180 g de beurre ramolli découpé en dés. Incorporez ensuite petit à petit les 180 g de farine tamisée.

4 PRÉPARATION DES BLANCS EN NEIGE. Versez une pincée de sel dans le bol contenant les 3 blancs d'œufs. Montez les blancs en neige ferme en vous aidant d'un fouet électrique.

5 INCORPORATION. Incorporez délicatement les blancs en neige dans le mélange beurre-sucre-farine à l'aide d'une spatule. Le mélange doit être lisse et homogène.

6 PRÉPARATION FINALE. Beurrez le moule et farinez-le légèrement. Mélangez à nouveau la préparation. Versez dans le moule. Lissez bien le dessus. Mettez à four chaud pendant 35 min. environ. À la sortie du four, laissez reposer 5 min. avant de démouler.

Ingrédients
(pour 4 à 6 personnes)

- ✓ *180 g de farine de blé ordinaire tamisée*
- ✓ *180 g de sucre en poudre*
- ✓ *180 g de beurre ramolli + 20 g pour le moule*
- ✓ *3 œufs*
- ✓ *1 pincée de sel*

Ustensile

- ✓ *un moule rond à bord haut type moule à manqué*

› VARIATION GOURMANDE

Vous pouvez enrichir les parfums de votre quatre-quarts en incorporant à la préparation le zeste d'un citron non traité finement râpé. Vous pouvez aussi ajouter une cuillère à café d'extrait de vanille liquide. Pour les plus gourmands, n'hésitez pas à fourrer le quatre-quarts de crème pâtissière, de confiture d'orange, de fraise, d'abricot… ou bien encore d'une bonne mousse au chocolat !

Les tartes

Préparation : 30 minutes | Repos : 3 ou 12 heures | Cuisson : 35 minutes | Réalisation : difficile | Coût : bon marché

Tarte au citron *meringuée*

C'est une de ces tartes sophistiquées qu'affectionnaient nos grands-mères et qui séduisent encore les gourmets. Pâte brisée, crème pâtissière et meringue forment un mariage délicat et onctueux. La tarte au citron meringuée est un grand classique de la pâtisserie. Un peu difficile à réaliser, elle mérite qu'on se dépasse.

1 La veille. Préparation de la pâte brisée. Dans le bol du mixeur ou un grand saladier, versez les 250 g de farine, les 2 pincées de sel et la c. à café de sucre. Amalgamez les éléments et ajoutez les 150 g de beurre coupés en morceaux. Travaillez afin d'obtenir un mélange sableux.

2 Incorporation. Incorporez l'œuf entier et versez les 2 c. à soupe de lait petit à petit en mélangeant bien, sans trop pétrir. La pâte doit devenir élastique. Formez une boule, enveloppez-la dans un film alimentaire et réservez-la au réfrigérateur pendant 3 h ou toute la nuit.

Ingrédients
(pour 6 personnes)

Pour la pâte brisée
- ✓ 250 g de farine tamisée
- ✓ 1 c. à café de sucre en poudre
- ✓ 2 pincées de sel
- ✓ 150 g de beurre ramolli + 20 g pour le moule
- ✓ 1 œuf
- ✓ 2 c. à soupe de lait

Pour la garniture
- ✓ 25 cl de lait
- ✓ 1/2 gousse de vanille
- ✓ 3 œufs
- ✓ 150 g de sucre en poudre
- ✓ 1 c. à soupe de fécule de maïs
- ✓ 50 g de beurre
- ✓ 1 citron non traité

Ustensiles
- ✓ moule à tarte
- ✓ poche à douille cannelée

3 Le jour même. Cuisson de la pâte. Préchauffez le four à 220° (th. 7-8). Étalez la pâte au rouleau. Beurrez et farinez le moule à tarte. Posez la pâte et couvrez-la d'un papier sulfurisé recouvert de lentilles. Faites cuire pendant 25 min., à 220° (th. 8). Laissez refroidir et enlevez le papier.

4 Préparation de la crème pâtissière. Dans une casserole, faites bouillir les 25 cl de lait avec la 1/2 gousse de vanille fendue dans sa longueur. Dans un grand bol, fouettez 3 jaunes d'œufs et 50 g de sucre jusqu'à ce que le mélange blanchisse. Ajoutez la c. à soupe de fécule.

5 Cuisson de la crème. Enlevez la gousse de vanille et versez le lait bouillant sur le mélange ; remettez le tout sur le feu. Laissez bouillir 1 min. en fouettant vigoureusement. Hors du feu, ajoutez les 50 g de beurre. Râpez le citron, puis pressez-le, ajoutez le jus et les zestes à la préparation, remuez.

6 Finitions. Montez les 3 blancs d'œufs en neige, ajoutez 100 g de sucre, fouettez. Incorporez la moitié de la meringue à la crème pâtissière. Garnissez la pâte de la crème pâtissière et ajoutez le reste de meringue à l'aide d'une poche à douille. Enfournez 5 min. à 140° (th. 4-5).

Tarte *aux abricots*

Cette belle tarte aux abricots, délicatement parfumée d'amandes et de rhum, annonce le grand retour des beaux jours. Profitez-en pour inviter le soleil à votre table et savourez entre amis ou en famille ce délice gourmand très facile à confectionner.

Ingrédients
(pour 6 personnes)

Pour la pâte brisée
- ✓ *250 g de farine de blé ordinaire tamisée*
- ✓ *125 g de beurre ramolli*
- ✓ *1 jaune d'œuf*
- ✓ *40 g de sucre en poudre*
- ✓ *2 c. à soupe d'eau*
- ✓ *1 pincée de sel*

Pour la garniture
- ✓ *7 beaux abricots*
- ✓ *2 jaunes d'œufs*
- ✓ *100 g de beurre ramolli*
- ✓ *100 g de sucre en poudre*
- ✓ *100 g d'amandes en poudre*
- ✓ *1 c. à soupe de farine*
- ✓ *1 c. à café de rhum*

Ustensile
- ✓ *un moule à tarte d'environ 24 cm*

1 Préparation. Découpez les 125 g de beurre en dés. Versez les 250 g de farine tamisée sur un plan de travail, creusez un puits, déposez les dés de beurre et mélangez du bout des doigts.

2 Finition de la pâte. Creusez à nouveau un puits et déposez le jaune d'œuf, les 40 g de sucre, la pincée de sel et les 2 c. à soupe d'eau. Mélangez. Enveloppez la pâte dans un film alimentaire et mettez-la au réfrigérateur pendant au minimum 1 h 30. Préchauffez le four à 210° (th. 7).

3 1ère cuisson. Beurrez le moule. Étalez la pâte et déposez-la dans le moule. Formez les bords. Piquez le fond avec une fourchette. Déposez une feuille de papier sulfurisé et couvrez d'une couche de haricots secs. Mettez à cuire 10 min. environ. Laissez refroidir.

4 Préparation de la crème. Travaillez au fouet les 100 g de beurre et les 100 g de sucre en poudre pour que le mélange blanchisse légèrement. Incorporez un à un les 2 jaunes d'œufs, les 100 g d'amandes en poudre, la c. à soupe de farine et la c. à café de rhum.

5 Garniture du fond de tarte. Préchauffez le four à 210° (th. 7). Lavez et essuyez les abricots. Découpez-les en deux et ôtez les noyaux. Étalez la crème d'amandes en une couche régulière. Disposez les oreillons d'abricots.

6 Cuisson. Mettez à cuire 25 min. environ. La crème gonflera doucement et prendra une couleur dorée. Laissez refroidir sur une grille.

› Trucs et astuces

Pour que la pâte reste croustillante, garnissez le fond de tarte d'une fine couche d'amandes effilées ou de 2 c. à soupe de biscuits à la cuillère écrasés en poudre. Vous pouvez faire fondre à feu doux 2 c. à soupe de confiture d'abricots et 1 c. à soupe d'eau et badigeonner ce mélange sur les abricots à la sortie du four.

Préparation : 30 minutes | Repos : 30 minutes | Cuisson : 25 minutes | Réalisation : très facile | Coût : bon marché

Tarte
aux framboises

La légèreté croustillante d'une bonne pâte maison, la douceur acidulée des framboises et l'onctuosité d'une vraie crème pâtissière..., il n'en faut pas davantage pour combler de bonheur tous les gourmands !

1 PRÉPARATION DE LA PÂTE. Dans un saladier, mélangez les 200 g de farine, creusez un puits, ajoutez la pincée de sel, les 100 g de sucre glace et les 2 jaunes d'œufs, les 100 g de beurre et les 2 c. à soupe d'eau froide. Mélangez et formez une boule. Couvrez et placez au frais 30 min.

2 INFUSION DE LA GOUSSE DE VANILLE. Préchauffez le four à 190° (th. 6-7). Portez à ébullition les 30 cl de lait avec la gousse de vanille fendue dans la longueur, couvrez, laissez infuser la gousse de vanille 5 min., retirez-la.

3 PRÉPARATION DE LA CRÈME PÂTISSIÈRE. Dans un saladier, travaillez les 80 g de sucre et les 4 jaunes d'œufs jusqu'à ce que le mélange blanchisse et mousse. Incorporez les 15 g de farine et les 15 g de fécule, versez le lait chaud doucement en filet, délayez à l'aide d'un fouet.

4 CUISSON DE LA CRÈME PÂTISSIÈRE. Remettez le tout dans la casserole, faites cuire à feu doux sans cesser de remuer jusqu'à épaississement. Hors du feu incorporez les 50 g de dés de beurre dans la crème et laissez refroidir. Préchauffez le four à 180° (th. 6).

5 CUISSON À BLANC. Étalez la pâte sur le plan de travail fariné et garnissez le moule. Piquez le fond à la fourchette. Couvrez le fond d'un cercle de papier sulfurisé et lestez avec des légumes secs. Faites cuire à blanc 25 min. Sortez du four et retirez les légumes secs et le papier.

6 GARNITURE DU FOND DE TARTE. Remplissez le fond de tarte refroidi avec la crème pâtissière froide. Répartissez les framboises dessus en les enfonçant légèrement. Saupoudrez les 2 c. à soupe de sucre glace à l'aide d'une petite passoire et servez.

Ingrédients
(pour 6 personnes)

Pour la pâte
- ✓ *200 g de farine*
- ✓ *1 pincée de sel*
- ✓ *100 g de sucre glace*
- ✓ *2 jaunes d'œufs*
- ✓ *100 de beurre ramolli + 10 g*
- ✓ *2 c. à soupe d'eau froide*
- ✓ *2 c. à soupe de farine*

Pour la garniture
- ✓ *30 cl de lait*
- ✓ *1 gousse de vanille*
- ✓ *80 g de sucre en poudre*
- ✓ *4 jaunes d'œufs*
- ✓ *15 g de farine*
- ✓ *15 g de fécule de maïs*
- ✓ *50 g de dés de beurre*
- ✓ *350 g de framboises*
- ✓ *2 c. à soupe de sucre glace*

›TRUCS ET ASTUCES
Vous n'êtes pas obligée d'incorporer les 50 g de dés de beurre dans la crème pâtissière. Si vous les supprimez, pensez à remuer régulièrement la crème avec une cuillère pendant le temps du refroidissement. Cela vous garantira une crème pâtissière à la consistance légère et fluide. Une astuce idéale pour ceux qui se soucient de leur ligne !

Préparation : 30 minutes | Repos : 1 heure | Cuisson : 25 minutes | Réalisation : très facile | Coût : bon marché

Tarte
aux kiwis

Tradition pâtissière et exotisme sont au rendez-vous avec cette succulente tarte aux kiwis. Vous la servirez encore tiède, tout juste sortie du four, ou bien froide avec un thé légèrement parfumé.

1 Préparation de la pâte. Dans un saladier, mélangez les 200 g de farine, les 100 g de beurre, les pincées de sucre et de sel jusqu'à obtenir la consistance d'une grosse semoule. Liez ce mélange avec le jaune d'œuf. Laissez-le reposer 1 h au réfrigérateur.

2 Garnissage du moule. Préchauffez votre four à 180° (th. 6). Beurrez et farinez le moule. Garnissez-le avec la pâte. Piquez le fond avec une fourchette. Placez dessus un disque de papier sulfurisé et couvrez-le de haricots secs.

3 Cuisson de la pâte. Glissez au four et faites cuire 15 min. Laissez refroidir. Ôtez les haricots secs et le disque de papier sulfurisé.

4 Préparation de la crème. Dans un saladier, battez les 2 œufs, les 200 g de crème, les 80 g de sucre et les 120 g de poudre d'amandes. Versez sur le fond de tarte. Glissez au four et faites cuire 10 min. Sortez le fond de tarte lorsque les bords sont dorés.

5 Préparation des kiwis. Pelez les kiwis et coupez-les en tranches fines. Disposez-les sur la crème en cercles concentriques en partant des bords.

6 Finition. Saupoudrez les kiwis de sucre roux. Servez tiède ou froid.

Ingrédients
(pour 4 à 6 personnes)

Pour la pâte
- ✓ 200 g de farine de blé ordinaire tamisée
- ✓ 100 g de beurre
- ✓ 1 jaune d'œuf
- ✓ 1 pincée de sel
- ✓ 1 pincée de sucre en poudre

Pour la crème
- ✓ 200 g de crème fraîche
- ✓ 120 g de poudre d'amandes
- ✓ 2 œufs
- ✓ 80 g de sucre en poudre
- ✓ 5 à 6 kiwis
- ✓ 1 c. à soupe de sucre roux

Ustensiles
- ✓ un moule à tarte de 28 cm

›Trucs et astuces
Choisissez des kiwis fermes au toucher et surtout sans aucune tache, signe d'un mûrissement avancé. Attendez ensuite qu'ils soient un peu mous pour les déguster. Vous pouvez les conserver 3 à 4 jours à l'air ambiant ou une semaine dans le bac du réfrigérateur.

Préparation : 20 minutes | Repos : aucun | Cuisson : 30 minutes | Réalisation : facile | Coût : bon marché

Tarte
aux myrtilles

Allez vous promener en famille, cueillez des myrtilles et, au retour, confectionnez cette délicieuse tarte avec les enfants... Une tarte sans façon et très chaleureuse que vous savourerez accompagnée d'une crème fouettée délicatement parfumée à la cannelle.

1 Préparation du moule. Beurrez le moule à l'aide d'un pinceau à pâtisserie avec les 10 g de beurre mou, puis farinez-le avec les 20 g de farine.

2 Fonçage. Préchauffez le four à 180° (th. 6). Étalez la pâte dans le moule, formez tout autour de celui-ci un petit bourrelet et piquez le fond avec une fourchette. Mettez dans le four à mi-haureur et laissez cuire pendant 10 min.

3 Préparation des myrtilles. Mettez les myrtilles dans une passoire, lavez-les rapidement sous un filet d'eau. Étalez-les sur un papier absorbant pour les sécher.

4 Garnissage du moule. Sortez le moule du four. Tapissez le fond de tarte de myrtilles. Saupoudrez de 2 c. à café de sucre.

5 Cuisson des myrtilles. Remettez le moule au four et laissez cuire encore 20 min. Saupoudrez de nouveau de 2 c. à café de sucre. Laissez bien refroidir avant de servir.

6 Préparation de la crème fouettée. Mettez un grand saladier au réfrigérateur pendant 20 min. Versez dans le saladier froid les 20 cl de crème liquide et fouettez pour obtenir une consistance bien ferme. Ajoutez la pincée de cannelle en poudre.

Ingrédients
(pour 6 à 8 personnes)

- ✓ *250 g de pâte feuilletée abaissée*
- ✓ *10 g de beurre mou pour le moule*
- ✓ *20 g de farine pour le moule*
- ✓ *1 kg de myrtilles fraîches*
- ✓ *4 c. à café de sucre en poudre*

Pour la crème fouettée
- ✓ *20 cl de crème liquide*
- ✓ *1 pincée de cannelle en poudre*

Ustensile
- ✓ *un moule à tarte d'environ 26 cm*

›Variation gourmande

Vous pouvez aussi servir votre tarte feuilletée aux myrtilles accompagnée d'une boule de glace à la vanille. Et si vous n'avez pas le temps d'aller en forêt, n'oubliez pas qu'on trouve dans le commerce des myrtilles surgelées !

Préparation : 20 minutes | Repos : 1 heure 30 | Cuisson : 30 minutes | Réalisation : très facile | Coût : très bon marché

Tarte aux pommes *méridionale*

Pourquoi cuisiner triste ? Cette recette chantante est une version très méditerranéenne de la traditionnelle tarte aux pommes. Une façon savoureuse de revisiter ses classiques !

1 Préparation. Versez les 7 cl d'huile, les 4 cl de lait, la pincée de sel et l'œuf dans un grand bol et fouettez le tout. Versez les 250 g de farine dans un saladier, creusez un puits et ajoutez le mélange liquide. Mélangez.

2 Temps de repos. Formez une boule de pâte, couvrez-la de film alimentaire et laissez au frais au minimum 1 h 30.

Ingrédients
(pour 4 à 6 personnes)

Pour la pâte
- ✓ *250 g de farine de blé ordinaire tamisée*
- ✓ *7 cl d'huile d'olive*
- ✓ *4 cl de lait*
- ✓ *1 œuf*
- ✓ *1 pincée de sel*
- ✓ *10 g de beurre*

Pour la garniture
- ✓ *1 kg de pommes*
- ✓ *1 citron*
- ✓ *40 g de cassonade*
- ✓ *2 sachets de sucre vanillé*

Ustensile
- ✓ *une plaque de four*

3 Étaler la pâte. Étalez la pâte en rectangle ou en cercle. Posez-la sur une plaque de four beurrée et farinée. Formez des bords avec les doigts. Piquez légèrement le fond avec une fourchette. Couvrez de film alimentaire et mettez au frais.

4 Préparation des pommes. Rincez les pommes et épluchez-les, découpez-les en quatre et ôtez le cœur et les pépins. Râpez finement les pommes. Citronnez légèrement. Préchauffez le four à 180° (th. 6).

›Trucs et astuces

Ne travaillez pas trop longtemps votre pâte car elle risquerait de durcir inutilement. Cette tarte est particulièrement savoureuse servie tiède ; si vous ne la dégustez pas à la sortie du four, vous pouvez la réchauffer à four doux en la couvrant d'une feuille de papier aluminium pour éviter qu'elle ne se dessèche.

5 Finition. Placez les pommes râpées sur le fond de tarte. Saupoudrez des 40 g de cassonade et des 2 sachets de sucre vanillé.

6 Cuisson. Mettez à cuire environ 30 min. Laissez tiédir et servez.

Préparation : 20 minutes | Repos : 3 à 12 heures | Cuisson : 40 minutes | Réalisation : facile | Coût : bon marché

Tarte aux pommes *normande*

La Normandie est une région réputée pour ses produits laitiers et pour ses pommes, dont on fait notamment du cidre et du calvados. La spécificité de cette tarte est que l'on caramélise les pommes dans du beurre et du sucre, et éventuellement dans quelques gouttes de calvados. À servir tiède au coin du feu, en automne.

Ingrédients
(pour 6 personnes)

Pour la pâte brisée
- ✓ *250 g de farine de blé ordinaire tamisée*
- ✓ *1 c. à café de sucre en poudre*
- ✓ *2 pincées de sel*
- ✓ *150 g de beurre ramolli + 20 g pour le moule*
- ✓ *1 œuf*
- ✓ *2 c. à soupe de lait*

Pour la garniture
- ✓ *600 g de pommes de reinette*
- ✓ *50 g de beurre normand*
- ✓ *80 g de sucre vanillé*

Facultatif : 2 c. à soupe de calvados

Ustensile
- ✓ *un moule à tarte*

1 La veille. Préparation de la pâte brisée. Dans le bol du mixeur, ou dans un grand saladier, versez les 250 g de farine, les 2 pincées de sel et la c. à café de sucre. Amalgamez les éléments et ajoutez les 150 g de beurre détaillés en morceaux. Travaillez afin d'obtenir un mélange sableux.

2 Incorporation. Incorporez l'œuf entier et versez les 2 c. à soupe de lait petit à petit en mélangeant bien, sans pétrir trop. La pâte doit devenir élastique. Formez une boule, enveloppez-la dans un film alimentaire et réservez-la au réfrigérateur pendant 3 h ou toute la nuit.

3 Le jour même. Préparation de la garniture. Pelez et évidez les pommes, coupez-les en deux et taillez des tranches épaisses. Dans une grande poêle, ou dans une sauteuse, faites fondre les 50 g de beurre et ajoutez les 80 g de sucre vanillé.

4 Cuisson des pommes. Jetez les pommes dans la poêle et faites-les sauter pendant 5 min. pourqu'elles soient bien enrobées de beurre et de sucre. Si vous désirez les parfumer au calvados, versez les 2 c. d'alcool dans la poêle au moment de la cuisson. Flambez. Laissez refroidir.

5 Dressage de la tarte. Sur le plan de travail fariné, étalez la pâte brisée au rouleau à pâtisserie. Beurrez et farinez le moule à tarte. Déposez la pâte et piquez le fond avec une fourchette.

6 Cuisson. Préchauffez le four à 200° (th. 6-7). Garnissez la pâte avec les pommes en les répartissant le mieux possible, sans les écraser. Quand le four est bien chaud, enfournez et laissez cuire pendant 40 min.

› DÉGUSTATION

La tarte aux pommes normande est meilleure tiède. Si vous devez la préparer à l'avance, passez-la au four très chaud, à 200° (th. 6-7), pendant 5 min. juste avant de servir. Accompagnez-la de crème fraîche épaisse de Normandie, bien sûr !
Délicieuse en dessert, elle peut se déguster également au goûter avec un verre de cidre.

Préparation : 30 minutes | Repos : 1 heure 30 | Cuisson : 35 minutes | Réalisation : très facile | Coût : bon marché

Tarte
Bourdaloue

*Ce grand classique de la pâtisserie française est indémodable !
Comment oublier cette tarte au bon goût de beurre, de crème d'amande et de poire ?
Un amour de dessert particulièrement riche et raffiné.*

Ingrédients
(pour 6 personnes)

Pour la pâte
- ✓ 250 g de farine de blé ordinaire tamisée
- ✓ 125 g de beurre ramolli coupé en dés
- ✓ 75 g de sucre en poudre
- ✓ 1 jaune d'œuf
- ✓ 1 pincée de sel
- ✓ 5 cl d'eau

Pour la garniture
- ✓ 80 g d'amandes en poudre
- ✓ 80 g de beurre ramolli
- ✓ 80 g de sucre en poudre
- ✓ 2 c. à café de rhum (ou kirsch)
- ✓ 1 œuf
- ✓ 5 poires au sirop coupées en deux
- ✓ 3 c. à soupe de confiture d'abricot
- ✓ 2 c. à soupe d'amandes effilées

Ustensile
- ✓ 1 moule à tarte à bord haut d'environ 28 cm

1 PRÉPARATION DE LA PÂTE. Versez les 250 g de farine dans un saladier et creusez un puits. Déposez les 125 g de dés de beurre et mélangez du bout des doigts. Creusez un nouveau puits et versez le jaune d'œuf, les 75 g de sucre en poudre, la pincée de sel et les 5 cl d'eau. Mélangez.

2 TEMPS DE REPOS. Roulez la pâte en une boule et enveloppez-la dans un film alimentaire. Déposez-la au frais pendant au moins 1 h 30.

3 PRÉCUISSON. Préchauffez votre four à 180° (th. 6). Disposez la pâte dans le moule beurré et fariné. Piquez le fond avec une fourchette et recouvrez-le de haricots secs. Mettez à cuire pendant 15 min. Ôtez les haricots secs.

4 PRÉPARATION DE LA FRANGIPANE. Mélangez dans un saladier les 80 g d'amandes en poudre, les 80 g de beurre ramolli, les 80 g de sucre en poudre, l'œuf et les 2 c. à café de rhum.

5 GARNISSAGE. Versez la frangipane sur le fond de la tarte. Disposez les demi-poires avec les pointes vers le centre et les parties bombées sur le dessus.

6 CUISSON. Enfournez pendant 20 min. Délayez ensuite les 3 c. à soupe de confiture d'abricot avec une c. à soupe d'eau tiède. Nappez la tarte de confiture et parsemez les 2 c. à soupe d'amandes effilées. Remettez la tarte 5 min. sous le grill du four.

› VARIATIONS GOURMANDES

Vous pouvez imaginer toutes sortes de variantes autour de ce dessert traditionnel. Remplacez par exemple les poires par des pommes épluchées, coupées en deux et légèrement citronnées. Cela va donner une rondeur très séduisante à votre gâteau. Vous pouvez aussi préparer une tarte mixte poire et pommes. Dans ce cas, veillez à choisir des poires un peu fermes, type poires de curé.

Tarte fraises
et menthe

*Voilà une jolie tarte qui donnera un petit air de fête à votre table.
Riche en saveurs fraîches, elle est aussi belle que bonne !
C'est sûr, tous vos invités vous demanderont la recette…*

1 Cuisson du lait. Préchauffez le four à 200° (th. 6-7). Versez les 50 cl de lait et le sachet de sucre vanillé dans une casserole. Faites chauffer à feu doux pendant 5 min.

2 Mélange jaunes d'œufs-sucre. Dans un plat creux, fouettez doucement les 3 jaunes d'œufs et les 80 g de sucre en poudre jusqu'à obtention d'un mélange blanc.

Ingrédients
(pour 6 personnes)

- ✓ 300 g de pâte sablée
- ✓ 10 g de beurre ramolli
- ✓ 600 g de fraises
- ✓ 50 g de sucre glace
- ✓ le jus d'un demi-citron
- ✓ 1 c. à soupe d'eau de fleur d'oranger
- ✓ 1 petit bouquet de menthe

Pour la crème pâtissière

- ✓ 50 cl de lait
- ✓ 1 sachet de sucre vanillé
- ✓ 3 jaunes d'œufs
- ✓ 80 g de sucre en poudre
- ✓ 25 g de farine de blé pâtissière tamisée
- ✓ 2 c à soupe de fécule de maïs

3 Cuisson de la crème. Incorporez la farine et la fécule de maïs dans le mélange œufs-sucre. Versez-y le lait bouillant. Mélangez bien. Transvasez la préparation dans la casserole. Faites cuire 5 min. à feu doux en remuant jusqu'à ce que la crème épaississe. Laissez refroidir.

4 Cuisson de la pâte. Beurrez le moule à tarte avec les 10 g de beurre ramolli. Étalez la pâte sablée dans le moule. Placez dessus un disque de papier sulfurisé et couvrez-le de haricots secs. Faites cuire 25 min. Après 15 min., ôtez les haricots secs et le papier sulfurisé .

› TRUCS ET ASTUCES

Faites cuire le fond de pâte à l'avance. Laissez-le refroidir sur une grille. Préparez aussi la crème à l'avance : elle se conserve 24 h au réfrigérateur. Les amateurs de diététique pourront remplacer la crème pâtissière par un mélange de fromage blanc à 0 % et de crème allégée fouettée.

5 Préparation des fraises. Lavez, équeutez et coupez les fraises en deux. Garnissez le fond de pâte froid avec la crème pâtissière. Recouvrez de fraises disposées en cercle.

6 Finition. Diluez les 50 g de sucre glace dans le jus de citron et l'eau de fleur d'oranger. Nappez les fraises. Décorez la tarte au dernier moment avec des feuilles de menthe fraîche ciselées.

Préparation : 25 minutes | Repos : 1 heure | Cuisson : 35 minutes | Réalisation : facile | Coût : bon marché

Tarte fraises
et rhubarbe

Une jolie tarte printanière toute en couleurs, dans laquelle les fraises appétissantes sont associées à la compote de rhubarbe... Douceur des unes, acidité de l'autre, en voilà du plaisir !

1 Préparation de la rhubarbe. Lavez et épluchez les 200 g de tiges de rhubarbe. Coupez-les en tronçons de 2 cm. Mettez ceux-ci dans une casserole avec les 80 g de sucre. Arrosez d'un verre d'eau et laissez cuire 20 min.

2 Préparation de la pâte. Versez les 250 g de farine dans un grand saladier, ajoutez les 125 g de beurre mou, les 125 g de sucre, l'œuf et le sel. Mélangez bien le tout puis pétrissez du bout des doigts. Formez une boule de pâte sur la planche farinée. Laissez reposer 1 h dans un linge fariné.

3 Fonçage du moule. Préchauffez le four à 180° (th. 6). Beurrez et farinez le moule. Étalez la pâte au rouleau ; donnez-lui une épaisseur de 2-3 mm et foncez le moule.

4 Garnissage du moule. Piquez le fond à la fourchette. Étalez la compote de rhubarbe sur le fond de pâte, saupoudrez avec les 4 c. à soupe de sucre. Faites cuire 25 min.

5 Préparation de la crème. Mélangez dans un grand saladier les 30 g de beurre mou, les 50 g de sucre, les 2 œufs. Retirez la tarte du four, arrosez-la avec ce mélange crémeux. Faites cuire une dizaine de minutes (vous devez obtenir une couleur jaune doré).

6 Décoration. À la sortie du four, laissez refroidir complètement la tarte. Lavez les fraises rapidement, égouttez-les, ôtez la queue et coupez-les en deux. Décorez la tarte avec les moitiés de fraises avant de servir.

Ingrédients
(pour 6 à 8 personnes)

Pour la pâte brisée
- ✓ 250 g de farine
- ✓ 125 g de beurre mou + 10 g
- ✓ 125 g de sucre en poudre
- ✓ 1 œuf
- ✓ 1 pincée de sel

Pour la garniture
- ✓ 200 g de tiges de rhubarbe
- ✓ 1 verre d'eau
- ✓ 300 g de fraises
- ✓ 80 g + 50 g + 4 c. à soupe de sucre en poudre
- ✓ 2 œufs
- ✓ 30 g de beurre mou

Ustensile
- ✓ un moule à tarte d'environ 26 cm

›Trucs et astuces
Choisissez des tiges de rhubarbe bien fraîches. Elles n'auront pas trop d'acidité et seront faciles à éplucher. Quant aux fraises, préférez pour cette recette les toutes premières fraises françaises, « les gariguettes », idéales pour cet usage.

Préparation : 15 minutes | Repos : 1 heure 30 | Cuisson : 40 minutes | Réalisation : très facile | Coût : très bon marché

Tarte
grand-mère

Cette tarte grand-mère est un secret que l'on se transmet de génération en génération. Un dessert tout en générosité et une gourmandise qui enchantera les palais les plus exigeants. Un pur moment de nostalgie !

1 Préparation. Versez les 250 g de farine dans un saladier et creusez un puits. Ajoutez 150 g de beurre coupé en dés, les 75 g de sucre glace et la pincée de sel. Mélangez du bout des doigts. Incorporez rapidement l'œuf battu. Mettez au frais au moins 1 h 30.

2 Cuisson à blanc. Préchauffez le four à 180° (th. 6). Étalez la pâte en cercle. Garnissez le moule. Formez des bords avec les doigts. Couvrez d'un cercle de papier sulfurisé et tapissez le fond d'une couche de haricots secs. Mettez au four 12 min. Ôtez le papier et les haricots.

3 Préparation des pommes. Épluchez les 2 pommes, ôtez le cœur et les pépins et coupez-les en dés.

4 Mélange. Faites fondre dans une poêle 20 g de beurre. Versez 2 c. à soupe de cassonade puis ajoutez les dés de pommes. Laissez cuire 3 à 4 min. Ôtez du feu et mélangez avec les 120 g de noix et le zeste de citron râpé. Versez les 4 jaunes d'œufs et 3 c. à soupe de cassonade dans un bol. Fouettez vivement.

5 Garnissage du moule. Étalez une couche de pommes et de noix dans le fond de tarte. Couvrez du mélange œufs et sucre.

6 Cuisson. Mettez au four environ 25 minutes. Laissez refroidir et démoulez. Saupoudrez de sucre glace au moment de servir.

Ingrédients
(pour 4 à 6 personnes)

Pour la pâte sablée
- ✓ *250 g de farine de blé pâtissière tamisée*
- ✓ *170 g de beurre ramolli + 5 g de beurre pour le moule*
- ✓ *75 g de sucre glace*
- ✓ *1 œuf*
- ✓ *1 pincée de sel*

Pour la garniture
- ✓ *2 pommes*
- ✓ *120 g de noix hachées*
- ✓ *4 jaunes d'œufs*
- ✓ *5 c. à soupe de cassonade*
- ✓ *le zeste râpé d'un 1/2 citron*
- ✓ *40 g de sucre glace*

Ustensile
- ✓ *un moule à tarte d'environ 24 cm*

› TRUCS ET ASTUCES

Pour faciliter la manipulation de votre pâte sablée, étalez-la en un grand cercle sur un film alimentaire. Puis transportez l'ensemble dans le moule à tarte, retournez la pâte sur le moule et ôtez alors le film alimentaire. Vous n'êtes pas obligé, bien sûr, de prendre de la cassonade. Vous pouvez très bien utiliser un sucre en poudre blanc.

Préparation : 30 minutes | Repos : aucun | Cuisson : 45 minutes | Réalisation : facile | Coût : bon marché

Tarte moelleuse
aux fruits rouges

La tarte moelleuse aux fruits rouges, c'est une pâte croustillante et une garniture – comme son nom l'indique – moelleuse et raffinée.
La recette parfaite pour finir en beauté et en gourmandise un repas de fête en famille.

1 Séparation des blancs et des jaunes. Préchauffez le four à 180° (th. 6). Cassez les 6 œufs en séparant les blancs des jaunes.

2 Mélange. Mélangez les 150 g de beurre avec les 150 g de cassonade dans un saladier. Ajoutez les jaunes d'œufs et la c. à café de vanille en poudre. Mélangez bien.

3 Mélange farine-levure. Mélangez les 250 g de farine, une pincée de sel et le sachet de levure. Incorporez dans le mélange précédent.

4 Monter les blancs en neige. Battez, en vous aidant d'un fouet électrique, les 6 blancs d'œufs avec une pincée de sel.

5 Ajout des fruits rouges. Incorporez délicatement les blancs en neige à la pâte. Rincez et égouttez les 250 g de fruits rouges. Ajoutez-les également dans le mélange.

6 Cuisson. Beurrez et farinez le moule, puis versez la pâte. Mettez à cuire 45 min. Laissez tiédir, puis démoulez sur une grille.

Ingrédients
(pour 6 personnes)

- ✓ 250 g de farine de blé pâtissière tamisée + 10 g
- ✓ 250 g de fruits rouges (framboises, mûres, cassis, groseilles)
- ✓ 150 g de cassonade
- ✓ 150 g de beurre ramolli + 10 g
- ✓ 6 œufs
- ✓ sachet de levure chimique
- ✓ sel
- ✓ 1 c. à café de vanille en poudre

Ustensile

- ✓ un moule à tarte d'environ 24 cm

› DÉGUSTATION

Servez cette délicieuse tarte aux fruits rouges avec un coulis de framboises ou de cassis très frais, ou encore avec une crème anglaise légèrement parfumée à la vanille, servie elle aussi très fraîche. En boisson d'accompagnement, vous pourrez proposer un verre de vin blanc moelleux à vos invités.

Préparation : 20 minutes | Repos : 1 heure 30 | Cuisson : 35 minutes | Réalisation : très facile | Coût : bon marché

Tarte poires
et pain d'épices

Avec cette tarte, vous allez apprécier une association de goûts et de saveurs parfaite. La pâte à l'œuf, croustillante et fondante, la douceur du pain d'épices et des amandes, l'onctueux d'une crème fraîche fermière…
Un bonheur gourmand !

1 PRÉPARATION. Découpez les 125 g de beurre en dés. Versez les 250 g de farine dans un saladier, creusez un puits et mettez-y les dés de beurre. Mélangez du bout des doigts.

2 TEMPS DE REPOS. Incorporez le jaune d'œuf, les 40 g de sucre en poudre, la pincée de sel et les 2 c. à soupe d'eau. Formez une boule de pâte. Couvrez-la de film alimentaire et mettez au frais environ 1 h 30.

3 PRÉPARATION DES POIRES. Préchauffez le four à 180° (th. 6). Épluchez les 5 poires, ôtez le cœur et les pépins et découpez-les en fines tranches.

4 FONÇAGE DU MOULE. Étalez la pâte, garnissez le moule beurré, formez des bords et piquez légèrement le fond avec une fourchette. Réduisez les 4 tranches de pain d'épices en miettes et mettez-les sur le fond de pâte. Disposez les tranches de poires.

5 PRÉPARATION DE LA CRÈME. Versez dans un grand bol les 20 cl de crème fraîche liquide, les 10 cl de crème fraîche épaisse, les 2 œufs, les 70 g d'amandes en poudre et les 70 g de sucre en poudre. Fouettez vivement le tout.

6 CUISSON. Versez la préparation crémeuse sur les poires. Mettez à cuire environ 35 min. Laissez refroidir et démoulez.

Ingrédients
(pour 4 à 6 personnes)

Pour la pâte
- ✓ *250 g de farine de blé ordinaire tamisée*
- ✓ *125 g de beurre ramolli + 10 g*
- ✓ *1 jaune d'œuf*
- ✓ *40 g de sucre en poudre*
- ✓ *2 c. à soupe d'eau*
- ✓ *1 pincée de sel*

Pour la garniture
- ✓ *5 poires*
- ✓ *4 tranches de pain d'épices*
- ✓ *70 g d'amandes en poudre*
- ✓ *70 g de sucre en poudre*
- ✓ *20 cl de crème fraîche liquide*
- ✓ *10 cl de crème fraîche épaisse*
- ✓ *2 œufs*

Ustensile
- ✓ *un moule à tarte de 24 cm*

›TRUCS ET ASTUCES

Pour cette recette, choisissez de préférence des poires mûres mais encore un peu fermes. Elles tiendront mieux à la cuisson. Vous choisirez un pain d'épices nature, ou éventuellement au chocolat – ce dernier apportera une petite note cacaotée très agréable.

Préparation : 15 minutes | *Repos : 15 minutes* | *Cuisson : 25 minutes* | *Réalisation : très facile* | *Coût : très bon marché*

Tarte
sans souci

Elle a vraiment belle allure, cette tarte prête en un clin d'œil.
Vous n'aurez même pas besoin d'un moule pour la réaliser !
Pour en faire une vraie gourmandise, vous la savourerez
avec un pot de crème fouettée.

1 Étaler la pâte. Préchauffez le four à 180° (th. 6). Étalez la pâte et formez un grand rectangle d'environ 40 cm de long et 20 cm de large (selon la taille de votre four). Disposez-la sur une plaque de four couverte d'un papier sulfurisé.

2 Façonnage. Formez avec les doigts un bord en rabattant bien la pâte sur les côtés. Pincez fermement les bords.

3 Temps de repos. Piquez légèrement le fond de tarte, couvrez d'un film alimentaire et mettez au frais 15 minutes.

4 Préparation des pommes. Épluchez les 4 pommes, ôtez le cœur et les pépins, puis découpez-les en tranches fines.

5 Garnissage. Disposez les tranches de pommes sur le fond de tarte en les faisant se chevaucher. Répartissez les 20 g de beurre découpé en dés. Saupoudrez de sucre vanillé.

6 Cuisson. Mettez à cuire environ 25 minutes. Laissez tiédir quelques instants puis servez.

Ingrédients
(pour une tarte)

- ✓ *300 g de pâte feuilletée*

Pour la garniture
- ✓ *4 pommes*
- ✓ *20 g de beurre*
- ✓ *2 sachets de sucre vanillé*

›Trucs et astuces

Sur le même principe, vous pouvez, bien sûr, façonner une tarte d'une autre forme (carrée, triangulaire, etc.). L'important est de bien ourler les bords avec les doigts.
Changez de variétés de pommes pour donner une petite touche d'acidité ou une petite note sucrée.

Préparation : 1 heure | *Repos : 1 heure 10* | *Cuisson : 1 heure 10* | *Réalisation : difficile* | *Coût : bon marché*

Tarte *Tatin*

On doit ce fameux dessert aux sœurs Tatin. On ne saura jamais si cette tarte, succulente et atypique, est le fait d'une erreur ou d'une création originale. Qu'importe, puisqu'elle est entrée dans le répertoire des recettes classiques de la pâtisserie française... pour le bonheur de tous !

1 Préparation de la pâte. Dans le bol du mixeur ou dans un saladier, mélangez les 150 g de farine avec 40 g de beurre détaillé en morceaux, la pincée de sel et les 10 cl d'eau. Pétrissez jusqu'à obtenir une pâte lisse et homogène. Façonnez une boule, enveloppez-la d'un film plastique et mettez-la au réfrigérateur pendant 20 min.

2 Pliage de la pâte. Coupez 60 g de beurre en lamelles. Étalez la pâte en rectangle sur le plan de travail fariné. Placez les lamelles de beurre sur les deux tiers et rabattez la pâte pour la plier en trois. Tournez la pâte d'un quart de tour, étalez-la et repliez-la de la même manière.

Ingrédients
(pour 8 personnes)

- ✓ *1,5 kg de pommes (reines des reinettes)*
- ✓ *180 g de sucre en poudre*
- ✓ *80 g de beurre*
- ✓ *1 c. à soupe d'eau*

Pour la pâte

- ✓ *150 g de farine tamisée*
- ✓ *100 g de beurre*
- ✓ *1 pincée de sel*
- ✓ *10 cl d'eau*

Ustensile

- ✓ *un moule à manqué antiadhésif*

3 Tourage. Enveloppez la pâte dans le film plastique et remettez-la au réfrigérateur 30 min. Donnez deux tours à la pâte – roulez et pliez – comme précédemment. Laissez reposer au frais à nouveau (environ 20 min.) avant d'utiliser la pâte pour la tarte.

4 Préparation des pommes. Pelez les pommes à l'aide d'un éplucheur, coupez-les en quatre et évidez-en le centre. Dans une casserole, versez une c. à soupe d'eau et 100 g de sucre. Faites cuire à feu doux afin d'obtenir un caramel clair. Préchauffez le four à 180° (th. 6).

5 Cuisson des pommes. Versez le caramel dans le moule. Recouvrez avec les 80 g de sucre restant et ajoutez les 80 g de beurre détaillé en morceaux. Placez les quarts de pommes dans le moule bien serrés les uns contre les autres. Faites cuire 40 min. Laissez refroidir.

6 Assemblage final. Étalez la pâte sur le plan de travail fariné en un disque épais de 3 cm. Déposez-le sur les pommes et rentrez les bords de la pâte à l'intérieur du moule. Faites cuire 30 min. à 180° (th. 6). Retournez la tarte dans un plat. Savourez-la tiède.

Préparation : 20 minutes | *Repos : 20 minutes* | *Cuisson : 30 minutes* | *Réalisation : facile* | *Coût : bon marché*

Tarte Tatin
aux poires et au caramel

Voici une somptueuse tarte gourmandise qui allie l'élégance à la douceur des saveurs. Avec cette Tatin aux poires et au caramel, vous vous ferez remarquer pour vos excellents talents de pâtissière !

1 PRÉPARATION DES POIRES. Lavez les 5 poires, épluchez-les, ôtez le cœur et les pépins et coupez-les en deux. Préchauffez le four à 180° (th. 6).

2 PRÉPARATION DU CARAMEL. Placez le moule sur un feu moyen. Mettez-y les 50 g de beurre, la c. à café de cannelle, les 2 clous de girofle, la pincée de gingembre, les 3 pincées de muscade et la c. à soupe de miel. Laissez cuire jusqu'à obtention d'un caramel blond.

3 CARAMÉLISATION DES POIRES. Mettez les poires dans le moule, faites-les caraméliser et arrosez-les de caramel épicé. Ôtez le moule du feu et laissez tiédir environ 20 min.

4 ÉTALER LA PÂTE. Déroulez la pâte feuilletée et couvrez les poires avec la pâte en repliant les bords vers l'intérieur du moule.

5 CUISSON. Mettez au four environ 30 min. Laissez tiédir quelques instants. Posez le moule sur un torchon, couvrez-le avec un plat de service et retournez doucement l'ensemble pour démouler

6 PRÉPARATION DE LA CRÈME À LA VANILLE. Versez les 200 g de crème fraîche dans un bol, ajoutez la c. à café de vanille et le sachet de sucre vanillé. Mélangez bien. Servez la tarte Tatin tiède avec la crème.

Ingrédients
(pour 4 à 6 personnes)

- ✓ *5 poires bien mûres*
- ✓ *300 g de pâte feuilletée*
- ✓ *50 g de beurre*
- ✓ *1 c. à soupe de miel*
- ✓ *200 g de crème fraîche épaisse*
- ✓ *1 c. à café de cannelle en poudre*
- ✓ *1 c. à café de vanille en poudre*
- ✓ *2 clous de girofle écrasés*
- ✓ *1 pincée de gingembre moulu*
- ✓ *3 pincées de noix de muscade*
- ✓ *1 sachet de sucre vanillé*

Ustensile

- ✓ *un moule à tarte d'environ 24 cm supportant la chaleur directe*

›TRUCS ET ASTUCES

Vous choisirez des poires bien mûres, avec une peau sans tache et sans meurtrissure, et une chair tendre sous le doigt.
Vous conserverez au mieux vos poires en les posant verticalement, à température ambiante, bien séparées les unes des autres, la petite queue en l'air.

Tarte *tout chocolat*

Que ceux qui n'aiment pas le chocolat se détournent au plus vite ! Car cette recette est un pur moment de gourmandise réservé aux seuls amateurs de fèves de haut goût. Enrichie de dés d'oranges confites, cette tarte facile à préparer est simplement délicieuse !

1 Préparation. Découpez les 180 g de beurre en dés. Versez les 80 g de sucre glace, les dés de beurre, et la pincée de sel dans un saladier. Mélangez avec une spatule, puis ajoutez l'œuf.

2 Finition de la pâte. Incorporez les 250 g de farine en pluie, les 60 g d'amandes en poudre et les 2 c. à soupe de cacao en poudre. Formez une boule de pâte et enveloppez-la dans du film alimentaire. Mettez au frais 2 h.

3 Fonçage du moule. Préchauffez le four à 180° (th. 6). Étalez la pâte en un grand cercle. Placez la pâte dans le moule beurré et fariné. Formez des bords avec les doigts. Piquez légèrement le fond de tarte avec une fourchette.

4 Précuisson. Posez un cercle de papier sulfurisé sur le fond de tarte et couvrez d'une fine couche de légumes secs. Mettez à cuire environ 20 min. Ôtez le papier et les légumes secs. Badigeonnez le fond d'un peu d'œuf battu et remettez 5 min. au four. Laissez refroidir.

5 Préparation de la garniture. Découpez les 250 g de chocolat en morceaux et mettez-les dans un saladier. Découpez les 40 g de beurre en dés. Faites chauffer les 25 cl de crème fraîche et les dés de beurre dans une casserole. Versez ce mélange sur le chocolat.

6 Finition. Mélangez le chocolat avec un fouet pour rendre la crème homogène. Placez les 100 g de dés d'oranges confites sur le fond de pâte. Versez ensuite la garniture au chocolat. Laissez refroidir avant de servir.

Ingrédients
(pour 4 à 6 personnes)

Pour la pâte brisée

- ✓ 250 g de farine de blé pâtissière tamisée
- ✓ 180 g de beurre ramolli + 10 g
- ✓ 80 g de sucre glace
- ✓ 60 g d'amandes en poudre
- ✓ 2 c. à soupe de cacao en poudre
- ✓ 1 œuf
- ✓ 1 pincée de sel

Pour la garniture

- ✓ 250 g de chocolat noir pâtissier
- ✓ 25 cl de crème fraîche liquide
- ✓ 40 g de beurre
- ✓ 1 œuf
- ✓ 100 g de dés d'oranges confites

Ustensile

- ✓ un moule à tarte d'environ 26 cm

›VARIATION GOURMANDE

Vous pouvez parfumer votre garniture au chocolat de 2 pincées de cannelle, de 2 pincées de muscade râpée et d'une pincée de vanille en poudre. Si vous aimez les saveurs riches, mélangez 30 g de noisettes en poudre avec 30 g de noix en poudre.

Préparation : 25 minutes | *Repos : 1 heure* | *Cuisson : 15 minutes* | *Réalisation : facile* | *Coût : bon marché*

Tartelettes
à la chantilly

Voici un magnifique dessert du dimanche à savourer entre gourmets. Une recette digne des meilleurs pâtissiers que vous saurez réussir avec brio. Des tartelettes légères au bon goût de noisette et de framboise !

1 Préparation de la pâte. Découpez les 150 g de beurre en dés. Versez les 250 g de farine dans un saladier et creusez un puits. Ajoutez les dés de beurre, les 40 g de noisettes en poudre, les 90 g de sucre glace, le sachet de sucre vanillé et la pincée de sel. Mélangez ; ajoutez l'œuf.

2 Temps de repos. Formez une boule de pâte, mettez-la dans un plat creux. Couvrez de film alimentaire et laissez au frais environ 1 h. Préchauffez le four à 180° (th. 6).

3 Fonçage des moules. Beurrez et farinez légèrement les moules à tartelettes. Étalez la pâte et garnissez-en les moules. Posez un petit cercle de papier sulfurisé et couvrez d'une couche de légumes secs.

4 Cuisson. Mettez à cuire environ 15 min. Ôtez le papier et les légumes secs. Laissez tiédir, puis démoulez sur une grille.

5 Préparation de la chantilly. Versez les 30 cl de crème fraîche bien froide dans un saladier. Fouettez avec le fouet électrique. Versez les 30 g de sucre glace en pluie tout en mélangeant avec une spatule. Rincez les framboises et égouttez-les.

6 Finition. Garnissez la poche à douille de chantilly et remplissez les tartelettes. Disposez quelques framboises. Servez aussitôt.

Ingrédients
(pour 6 tartelettes)

Pour la pâte
- ✓ 250 g de farine de blé pâtissière tamisée
- ✓ 150 g de beurre ramolli + 10 g
- ✓ 40 g de noisettes en poudre
- ✓ 90 g de sucre glace
- ✓ 1 œuf
- ✓ 1 sachet de sucre vanillé
- ✓ 1 pincée de sel

Pour la garniture
- ✓ 30 cl de crème fraîche liquide
- ✓ 30 g de sucre glace
- ✓ 1 petite barquette de framboises

Ustensiles
- ✓ 6 moules à tartelettes
- ✓ une poche à douille cannelée

› TRUCS ET ASTUCES

Pour faciliter votre organisation, vous pouvez préparer votre pâte à l'avance et la mettre au frais, en prenant soin de l'envelopper dans du film alimentaire pour éviter qu'elle ne se dessèche. Le lendemain, il vous suffira de cuire la pâte, de rincer les fruits et de confectionner votre crème Chantilly au dernier moment.

Les biscuits

Préparation : 20 minutes | Repos : aucun | Cuisson : 30 minutes | Réalisation : très facile | Coût : très bon marché

Biscuits
choco-café

De petits biscuits au chocolat sublimés par la saveur raffinée du café, voilà de quoi concocter une pause gourmande qui fera date ! Pour leur donner un petit air qui sent bon les îles, vous ajouterez une pincée de noix de coco finement râpée. Tout simplement délicieux !

1 Préparation des moules. Beurrez légèrement le moule. Préchauffez le four à 180° (th. 6). Découpez le beurre en dés. Mettez-le dans un saladier avec le sucre en poudre et battez le mélange jusqu'à ce qu'il devienne crémeux.

2 Incorporation. Ajoutez les 5 cl de café et mélangez bien. Versez en pluie les 280 g de farine, le demi-sachet de levure et les 2 pincées de sel. Mélangez.

Ingrédients
(pour 4 à 6 personnes)

- ✓ *200 g de beurre ramolli + 10 g*
- ✓ *180 g de sucre en poudre*
- ✓ *5 cl de café*
- ✓ *280 g de farine de blé pâtissière*
- ✓ *1/2 sachet de levure chimique*
- ✓ *50 g de pépites de chocolat*
- ✓ *2 pincées de sel*
- ✓ *30 g de noix de coco râpée*

Ustensile

- ✓ *un moule d'environ 22 cm*

3 Finition. Ajoutez les 50 g de pépites de chocolat et mélangez bien tous les ingrédients.

4 Remplissage du moule. Versez la pâte dans le moule beurré et lissez le dessus avec une spatule. Saupoudrez avec les 30 g de noix de coco râpée.

› TRUCS ET ASTUCES

Pour faciliter le démoulage, placez éventuellement une feuille de papier sulfurisé dans le moule que vous aurez préalablement beurré. Cela évitera que le gâteau colle en fin de cuisson. Les moules flexibles sont une bonne option pour cette recette.

5 Cuisson. Mettez à cuire environ 30 min. Laissez tiédir 8 à 10 min.

6 Découpe. Découpez des carrés de pâte d'environ 4 cm. Mettez-les sur une grille et laissez refroidir.

Bouchées
miel et dattes

Miel fondant et dattes moelleuses font de ces petites bouchées une irrésistible gourmandise. Particulièrement riches et nourrissantes, faciles à transporter, elles offriront une pause douceur – appréciée de tous à l'heure du thé.

1 PRÉPARATION. Préchauffez le four à 180° (th. 6). Beurrez légèrement le plat. Dénoyautez les 80 g de dattes, puis hachez-les. Versez les 220 g de farine dans un saladier et ajoutez le demi-sachet de levure. Mélangez.

2 MÉLANGE DATTES-MIEL. Déposez les dattes hachées, les 7 cl d'eau et les 2 c. à soupe de miel dans une petite casserole à fond épais. Laissez chauffer doucement en donnant un tour de cuillère régulièrement.

3 MÉLANGE BEURRE-SUCRE-FARINE. Découpez les 100 g de beurre en dés et mettez-les dans un saladier. Versez les 180 g de cassonade et mélangez avec le fouet électrique. Ajoutez les 220 g de farine en pluie et mélangez.

4 FINITION. Ajoutez le mélange dattes-miel, les 60 g de muesli, la pincée de cannelle en poudre et une petite pincée de sel. Mélangez bien.

5 CUISSON. Versez la pâte dans le moule et lissez bien le dessus. Mettez à cuire environ 20 min.

6 DÉCOUPE. Laissez tiédir 5 min., puis découpez la pâte en carrés. Servez les bouchées froides, saupoudrées d'un peu de sucre glace.

Ingrédients
(pour 4 à 6 personnes)

- ✓ *80 g de dattes séchées*
- ✓ *7 cl d'eau*
- ✓ *2 c. à soupe de miel liquide*
- ✓ *100 g de beurre + 10 g*
- ✓ *60 g de muesli*
- ✓ *180 g de cassonade*
- ✓ *220 g de farine de blé ordinaire tamisée*
- ✓ *1/2 sachet de levure chimique*
- ✓ *1 pincée de cannelle en poudre*
- ✓ *sel*
- ✓ *sucre glace*

Ustensile
- ✓ *un moule carré d'environ 24 cm*

›TRUCS ET ASTUCES
Les dattes séchées se trouvent facilement tout au long de l'année. Si elles vous paraissent un peu trop sèches, vous pouvez les réhydrater en les couvrant d'un peu d'eau tiède pendant environ une demi-heure. Prenez ensuite bien soin de les éponger avant de les incorporer à votre recette.

Préparation : 20 minutes | Repos : aucun | Cuisson : 45 minutes | Réalisation : facile | Coût : bon marché

Cannelés
bordelais

Ce merveilleux petit gâteau à la robe caramélisée et au cœur moelleux est une spécialité d'origine religieuse, née à Bordeaux au XVIe siècle. Rhum des îles et vanille de Tahiti ont inspiré ce délice sucré. Le cannelé tire son nom de la forme de son moule. Parfait à l'heure du thé, il sait aussi être dessert, flambé au rhum, en fin de repas.

1 MOULES. Traditionnellement, les moules à cannelé sont en cuivre. Ils font environ 5 cm de diamètre. On les trouve dans les magasins spécialisés en articles de cuisine, de même que les plaques moulées antiadhésives.

2 PRÉPARATION. Faites bouillir les 25 cl de lait avec les 30 g de beurre et la 1/2 gousse de vanille fendue en deux dans la longueur.

Ingrédients
(pour 12 cannelés)

- ✓ *25 cl de lait*
- ✓ *1/2 gousse de vanille*
- ✓ *30 g de beurre + 30 g pour les moules*
- ✓ *2 œufs entiers + 2 jaunes d'œufs*
- ✓ *100 g de farine de blé ordinaire tamisée*
- ✓ *125 g de sucre en poudre + 30 g pour les moules*
- ✓ *1 c. à soupe de rhum ambré*

Ustensiles

- ✓ *12 moules à cannelé ou une plaque alvéolée*

3 MÉLANGE. Dans un saladier, mélangez les 125 g de sucre et les 100 g de farine. Ajoutez les 2 œufs entiers et les 2 jaunes en remuant à l'aide d'un fouet jusqu'à ce que la pâte devienne lisse et sans grumeaux.

4 AMALGAME. Retirez la 1/2 gousse de vanille et prélevez les grains en grattant avec la pointe d'un couteau. Versez le lait bouillant sur la préparation. Incorporez bien les éléments, ajoutez la cuillère à soupe de rhum et laissez refroidir.

›CONSERVATION

Les cannelés se conservent de quatre à cinq jours à température ambiante à condition de les emballer dans un sac en papier. L'humidité peut leur faire perdre leur croustillant. Si c'est le cas, passez-les au four à 220° (th. 7-8) pendant 5 min. Ils retrouveront ainsi tout leur caractère.

5 FAÇONNAGE. Préchauffez le four à 180° (th. 6). Beurrez légèrement le moule et saupoudrez les alvéoles avec les 30 g de sucre réservés à cet effet. À l'aide d'une cuillère à soupe, remplissez-les aux trois quarts de la pâte.

6 CUISSON. Enfournez la plaque et faites cuire les cannelés pendant 45 min. Démoulez-les tièdes. Un conseil : plus les cannelés sont cuits, plus leur robe se caramélise et devient croquante. Surveillez-la au cours de la cuisson.

Préparation : 40 minutes | Repos : 30 minutes | Cuisson : 10 minutes par fournée | Réalisation : très facile | Coût : bon marché

Cornes
de gazelle

Et si vous confectionniez une délicate pâtisserie orientale, digne des Mille et une Nuits ? Servies avec un thé à la menthe, ces cornes de gazelle vont enchanter vos invités !

1 La pâte d'amandes. Découpez les 130 g de beurre ramolli en petits dés. Déposez 20 g de dés de beurre avec les 250 g d'amandes en poudre et les 75 g de sucre en poudre dans un grand saladier. Mélangez du bout des doigts. Ajoutez un peu d'eau (environ 1 c. à café). Laissez reposer 30 min.

2 Le beurre fondu. Versez les 110 g de beurre restant dans une petite casserole et faites fondre doucement.

Ingrédients
(pour 700 g de biscuits)

- ✓ *250 g de farine de blé ordinaire tamisée*
- ✓ *250 g d'amandes en poudre*
- ✓ *75 g de sucre en poudre*
- ✓ *130 g de beurre ramolli*
- ✓ *1 c. à soupe d'eau de fleur d'oranger*
- ✓ *sucre glace*
- ✓ *1 pincée de sel*

3 Préparation de la pâte à biscuits. Versez les 250 g de farine en pluie et la pincée de sel dans un saladier. Travaillez la pâte rapidement et du bout des doigts. Incorporez le beurre fondu tout en mélangeant.

4 Garnissage. Préchauffez le four à 150° (th. 5). Á l'aide d'un rouleau, étalez la pâte et découpez-la en petits rectangles réguliers d'environ 6 à 7 cm de long. Déposez au milieu de chaque rectangle un petit boudin de pâte d'amandes.

› Trucs et astuces

Vous pouvez découper la pâte en vous aidant d'une roulette à pâtisserie, ce qui donnera de jolis bords festonnés à vos cornes de gazelle. Vous pouvez aussi varier les parfums et les arroser d'un peu d'eau de rose, à la place de l'eau de fleur d'oranger, avant de les passer rapidement dans le sucre glace.

5 Façonnage. Donnez-leur la forme de croissants en modelant avec les doigts. Rangez les biscuits sur une plaque de four beurrée et légèrement farinée en veillant à les espacer. Mettez à cuire à four chaud pendant environ 10 min. Surveillez bien la cuisson .

6 Finition. Sortez la plaque de biscuits du four, arrosez chaque corne de gazelle de quelques gouttes d'eau de fleur d'oranger puis roulez-les dans du sucre glace. Laissez-les refroidir sur une grille.

Préparation : 35 minutes | *Repos : 30 minutes* | *Cuisson : 12 minutes* | *Réalisation : facile* | *Coût : très bon marché*

Doigts *de fées*

Retrouvez la magie des contes de votre enfance et préparez ces délicieux petits biscuits aériens et un peu magiques qui raviront les enfants et tous les amateurs de douceurs sucrées ! Les doigts de fée sont confectionnés à base d'une pâte d'amande ou d'une meringue parfumée. Un pur régal !

1 Préparation. Découpez le beurre en dés. Versez la farine dans un saladier. Creusez un puits et déposez la pincée de sel et les 100 g d'amandes en poudre. Mélangez du bout des doigts puis versez les 100 g de dés de beurre et les 60 g de sucre glace.

2 Incorporation. Travaillez délicatement du bout des doigts jusqu'à ce que tous les éléments soient bien liés. Ajoutez ensuite le blanc d'œuf et la c. à café d'eau de fleur d'oranger. Mélangez rapidement. Roulez la pâte en boule, enveloppez-la dans un film alimentaire et mettez-la au réfrigérateur pendant 30 min.

Ingrédients
(pour 4 à 6 personnes)

- ✓ *130 g de farine de blé ordinaire tamisée*
- ✓ *100 g d'amandes en poudre*
- ✓ *100 g de beurre ramolli*
- ✓ *60 g de sucre glace*
- ✓ *1 blanc d'œuf*
- ✓ *1 c. à café d'eau de fleur d'oranger*
- ✓ *1 pincée de sel*
- ✓ *sucre glace pour la décoration*

3 Découpage. Préchauffez le four à 180° (th. 6). Farinez légèrement votre plan de travail. Partagez la pâte en deux longs boudins, puis découpez chacun d'eux en petits morceaux.

4 Façonnage. Donnez-leur la forme de doigts d'environ 5 cm de long en les modelant à la main. Recouvrez une plaque de four d'une feuille de papier sulfurisé et déposez les doigts de fée.

› LE SAVIEZ-VOUS

Autrefois, on avait coutume pour amadouer les fées, qui étaient parfois ogresses et qui dévoraient les enfants, de leur offrir de délicieux biscuits et gâteaux. Les villageois déposaient ces offrandes gourmandes auprès des arbres et des grottes où, disait-on aux enfants, elles aimaient à séjourner. Les doigts de fée sont un lointain et délicieux souvenir de cette époque féerique!

5 Saupoudrage. Mettez au four pendant 12 min. environ. Veillez à ce que les biscuits dorent légèrement sans brunir. Saupoudrez-les ensuite généreusement de sucre glace puis laissez-les refroidir.

6 Variantes. Vous pouvez aussi parfumer vos doigts de fée avec 1 c. à café d'extrait de vanille ou de café. Ou encore, essayez la même recette mais avec 1 c. à café d'eau de rose! Vous pouvez aussi diviser votre pâte en quatre et incorporer dans chacun un parfum différent.

Préparation : 10 minutes | Repos : aucun | Cuisson : 8 minutes | Réalisation : très facile | Coût : bon marché

Financiers

Délicats et moelleux, riches en amandes et en bon beurre frais,
ces financiers au cœur tendre vont enchanter tous les gourmands.
Vous pouvez les savourer sans modération dès le petit déjeuner !

1 MÉLANGE. Préchauffez le four à 180° (th. 6). Versez les 25 g de farine, les 160 g de sucre glace et les 120 g d'amandes en poudre dans un saladier et mélangez.

2 PRÉPARATION. Mettez les 100 g de beurre dans une petite casserole à fond épais et faites chauffer doucement.

Ingrédients
(pour 12 financiers)

- ✓ *25 g de farine de blé pâtissière tamisée*
- ✓ *100 g de beurre*
- ✓ *160 g de sucre glace*
- ✓ *3 blancs d'œufs*
- ✓ *120 g d'amandes en poudre*
- ✓ *1 pincée de sel*

Ustensile

- ✓ *12 moules à financier ou une plaque à financier en silicone*

3 INCORPORATION. Versez les 3 blancs d'œufs et 1 pincée de sel dans un grand bol. Montez les blancs en neige en vous aidant d'un fouet électrique. Incorporez délicatement les blancs en neige au mélange farine-sucre-amandes en soulevant le mélange avec une spatule.

4 MÉLANGE. Versez le beurre fondu dans le saladier tout en mélangeant.

›TRUCS ET ASTUCES

Les financiers doivent dorer mais ne doivent surtout pas brunir. Surveillez bien la cuisson et, si nécessaire, baissez la température de votre four. Vous pouvez aussi parfumer vos financiers en incorporant à votre pâte une c. à café de zeste d'orange non traité finement râpé.

5 GARNISSAGE. Beurrez légèrement les moules à financier. (Si vous utilisez une plaque, ce n'est pas nécessaire.) Versez la pâte dans les moules en les remplissant aux deux tiers.

6 CUISSON. Mettez les financiers à four chaud et laissez cuire pendant environ 8 min. Les financiers vont dorer peu à peu. Démoulez-les à la sortie du four et laissez-les refroidir sur une grille.

Préparation : 20 minutes | *Repos : aucun* | *Cuisson : 6 minutes* | *Réalisation : très facile* | *Coût : très bon marché*

Langues
de chat

Ces adorables biscuits croustillants invitent à la paresse et aux petits plaisirs gourmands. Ils accompagnent délicieusement tous les desserts glacés. Ils sont aussi parfaits au moment du café ou avec un bon chocolat chaud.

À ronronner de plaisir !

1 Mélange. Préchauffez le four à 180° (th. 6). Découpez les 100 g de beurre ramolli en petits dés. Déposez les dés de beurre et les 100 g de sucre glace dans un grand saladier et mélangez avec une spatule. Le mélange va devenir crémeux.

2 Monter les blancs en neige. Versez les 2 blancs d'œufs dans un saladier, ajoutez une pincée de sel et montez les blancs en neige en vous aidant d'un fouet électrique.

Ingrédients
(pour 4 personnes)

- ✓ 120 g de farine de blé ordinaire tamisée
- ✓ 100 g de beurre ramolli
- ✓ 100 g de sucre glace
- ✓ 2 blancs d'œufs
- ✓ 1 pincée de sel

3 Incorporation. En vous aidant d'une spatule, incorporez délicatement les blancs en neige au mélange beurre-sucre.

4 Mélange. Versez doucement la farine en pluie dans le saladier tout en mélangeant bien. Votre pâte doit être lisse et homogène.

› TRUCS ET ASTUCES

Ce petit four sec est une recette pâtissière facile à réaliser chez soi. Toutefois, attention à la cuisson ! Pour être sûr d'avoir une cuisson parfaite et de ne pas briser les langues de chat, pensez à bien graisser votre plaque de four ou à utiliser une plaque en silicone. Ainsi, elles se détacheront aisément après la cuisson. Vous pourrez même les conserver une dizaine de jours dans une boîte en fer hermétique.

5 Façonnage. Beurrez légèrement une plaque de four ou mettez un papier sulfurisé. Façonnez de petites langues de chat. Pour cela, vous pouvez utiliser une poche à douille lisse de 6 mm ou bien vous aider de 2 c. à café. Pensez à espacer suffisamment les langues de chat.

6 Cuisson. Mettez à cuire à four chaud pendant environ 6 min. Les langues de chat vont prendre une jolie couleur brun-doré sur les côtés, mais surveillez-les, car elles ne doivent pas noircir. Sortez la plaque du four et laissez refroidir la première fournée. Poursuivez la cuisson des langues de chat restant.

Losanges au chocolat

Voici des bouchées gourmandes chocolatées qui vont enchanter les petits comme les grands. Vous pouvez même confectionner ces losanges à l'avance car ils se conservent facilement durant quelques jours !

1 PRÉPARATION DU CHOCOLAT. Préchauffez le four à 180° (th. 6). Râpez les 150 g de chocolat au moyen d'une râpe à fromage.

2 MÉLANGE BEURRE-SUCRE. Découpez les 200 g de beurre ramolli en dés.

Ingrédients
(pou 20 losanges)

- ✓ *200 g de farine de blé ordinaire tamisée*
- ✓ *150 g de chocolat noir pâtissier*
- ✓ *170 g de sucre en poudre*
- ✓ *200 g de beurre ramolli*
- ✓ *2 œufs*
- ✓ *100 g de noix de coco râpée*
- ✓ *le zeste d'un demi-citron*
- ✓ *sucre glace*

3 INCORPORATION. Versez les 170 g de sucre en poudre dans un saladier et ajoutez le beurre. Mélangez avec le fouet de votre batteur électrique jusqu'à ce que le tout devienne mousseux.

4 MÉLANGE. Incorporez les 2 œufs au mélange beurre-sucre. Ajoutez le chocolat râpé, les 100 g de noix de coco et le zeste de citron finement râpé. Versez les 200 g de farine en pluie sans cesser de mélanger.

› VARIATION GOURMANDE

Vous n'êtes pas obligée de saupoudrer vos biscuits de sucre. Un léger nuage de cacao en poudre sera du meilleur effet ! Pour obtenir un résultat agréable à l'œil, pensez à utiliser une petite passoire fine, genre passoire à thé.

5 ÉTALER LA PÂTE. Déposez une feuille de papier sulfurisé sur une plaque de four. Étalez la pâte.

6 CUISSON ET DÉCOUPE DES LOSANGES. Mettez à cuire environ 12 min. Laissez refroidir. Puis découpez la pâte refroidie en losanges. Saupoudrez éventuellement de sucre glace.

Préparation : 15 minutes | Repos : aucun | Cuisson : 8 minutes | Réalisation : facile | Coût : bon marché

Macarons
aux noisettes

Jouez le grand jeu des professionnels avec ces macarons tout en rondeur gourmande. Vous les dégusterez très frais, avec un chocolat chaud, dans une ambiance de salon de thé.

1 Préparation. Préchauffez le four à 210° (th. 7). Versez les 50 g de sucre glace et les 200 g de noisettes en poudre dans un saladier et mélangez.

2 Monter les blancs en neige. Versez les 2 blancs d'œufs dans un grand bol et fouettez avec un batteur électrique pour monter les blancs en neige.

Ingrédients
(pour 8 macarons)

- ✓ *200 g de noisettes en poudre*
- ✓ *50 g de sucre glace*
- ✓ *2 blancs d'œufs*
- ✓ *un peu de sucre en poudre*
- ✓ *cacao en poudre*

3 Ajout du sucre. Versez en pluie les 20 g de sucre en poudre tout en continuant de fouetter.

4 Incorporation. Incorporez le mélange noisettes en poudre et sucre glace dans les œufs en neige en mélangeant délicatement avec une spatule.

›Trucs et astuces

Vous pouvez aussi couvrir vos macarons d'un peu de sucre glace en le répartissant avec une petite passoire fine. Vous pouvez soit acheter une poudre de noisettes dans le commerce, soit les broyer vous-même. Dans ce dernier cas, amusez-vous à les broyer assez grossièrement ; cela changera un peu la texture de vos macarons.

5 Confection des macarons. Déposez 1 c. à soupe de pâte sur une plaque de four couverte de papier sulfurisé. Étalez-la un peu et répétez l'opération avec le reste de pâte.

6 Cuisson. Mettez à cuire environ 8 min. Laissez refroidir les macarons sur une grille. Saupoudrez-les d'un peu de cacao en poudre à l'aide d'une petite passoire.

Préparation : 15 minutes | Repos : aucun | Cuisson : 15 minutes | Réalisation : très facile | Coût : bon marché

Moelleux
au citron

Ils portent bien leur nom, ces succulents moelleux.
Ils fondent en bouche et leur petit parfum de citron fait merveille.
Vous n'êtes pas obligée de tout manger ! Ils se conservent très bien.

1 Préparation. Préchauffez le four à 180° (th. 6). Beurrez légèrement les moules à muffins. Faites fondre les 100 g de beurre dans une casserole à fond épais.

2 Préparation du citron. Rincez le citron, brossez-le et essuyez-le. Râpez finement le zeste en vous aidant d'une râpe à fromage côté grille fine. Extrayez-en le jus.

Ingrédients
(pour 6 moelleux)

- *200 g de farine de blé ordinaire tamisée*
- *1 citron non traité*
- *50 g de cerneaux de noix*
- *25 g de d'amandes en poudre*
- *2 œufs*
- *100 g de beurre + 10 g*
- *120 g de cassonade*
- *1 sachet de sucre vanillé*
- *20 cl de lait*
- *1/2 sachet de levure chimique*
- *1 pincée de sel*

Ustensiles
- *6 moules à muffins*

3 Préparation des noix. Versez les 50 g de cerneaux de noix dans le bol de votre robot et hachez-les grossièrement.

4 Préparation de la pâte. Mélangez dans un saladier les 200 g de farine, le demi-sachet de levure et la pincée de sel. Ajoutez les 120 g de cassonade, le sachet de sucre vanillé, les 25 g d'amandes en poudre et le zeste de citron râpé.

› Variation gourmande

Vous pouvez aussi préparer un glaçage parfumé au citron pour couvrir le dessus de vos moelleux. Dans ce cas, mélangez soigneusement dans un bol 80 g de sucre glace avec 4 c. à café de jus de citron, puis versez ce glaçage sur chaque moelleux.

5 Finition de la pâte. Cassez les 2 œufs dans un bol, ajoutez les 20 cl de lait. Fouettez le tout rapidement. Incorporez le mélange œufs-lait, le beurre fondu, les cerneaux de noix et 2 c. à soupe de jus de citron dans le mélange farine-sucre. Mélangez bien avec une spatule.

6 Cuisson. Versez la pâte dans les moules. Mettez au four pendant environ 15 min. Attendez 5 min. avant de démouler les muffins. Laissez refroidir sur une grille.

Préparation : 15 minutes | Repos : aucun | Cuisson : 15 minutes | Réalisation : très facile | Coût : bon marché

Muffins
aux cerises

Préparez en un clin d'œil ces délicieux petits muffins tout en moelleux et en fraîcheur au bon goût de beurre frais, d'amandes et de cerises du verger. Vous les dégusterez avec un thé de grand cru ou tout simplement avec un jus de fruits bien frais.

1 PRÉPARATION. Préchauffez le four à 180° (th. 6). Beurrez légèrement les moules à muffins. Faites fondre les 100 g de beurre dans une petite casserole.

2 PRÉPARATION DES CERISES. Rincez les 150 g de cerises, égouttez-les, puis essuyez-les délicatement dans un linge. Dénoyautez-les.

3 PRÉPARATION DE LA PÂTE. Mélangez dans un saladier les 200 g de farine, le demi-sachet de levure et la pincée de sel.

4 INCORPORATION. Ajoutez les 120 g de cassonade, le sachet de sucre vanillé et les 50 g d'amandes en poudre.

5 FINITION DE LA PÂTE. Cassez les 2 œufs dans un bol, ajoutez les 20 cl de lait et fouettez le tout rapidement. Incorporez dans ce mélange œufs-lait le beurre fondu et la c. à soupe de kirsch. Ajoutez les cerises. Mélangez bien avec une spatule.

6 CUISSON. Versez la pâte dans les moules. Ajoutez sur le dessus quelques amandes effilées. Mettez à cuire environ 15 min. Attendez 5 min. avant de démouler les muffins. Laissez refroidir sur une grille.

Ingrédients
(pour 6 muffins)

- ✓ 200 g de farine de blé ordinaire tamisée
- ✓ 50 g d'amandes en poudre
- ✓ 2 œufs
- ✓ 100 g de beurre + 10 g
- ✓ 120 g de cassonade
- ✓ 150 g de cerises fraîches
- ✓ 1 c. à soupe de kirsch
- ✓ 1 sachet de sucre vanillé
- ✓ 20 cl de lait
- ✓ 2 c. à soupe d'amandes effilées
- ✓ 1/2 sachet de levure chimique
- ✓ 1 pincée de sel

Ustensiles

- ✓ 6 moules à muffins

› TRUCS ET ASTUCES

Veillez à consommer rapidement vos cerises après l'achat. Vous pouvez les déposer 2 ou 3 jours dans le bas de votre réfrigérateur, dans un sac en plastique aéré, en prenant soin de les entreposer loin d'aliments à odeur forte car elles risqueraient d'absorber ces odeurs.

Préparation : 25 minutes | Repos : aucun | Cuisson : 15 minutes | Réalisation : très facile | Coût : bon marché

Muffins
aux deux chocolats

Si vous aimez le chocolat, vous adorerez ces petits muffins !
Joliment gonflés à la cuisson et moelleux à souhait,
ils feront un goûter nourrissant apprécié des enfants à la sortie de l'école.
Mais vous pouvez aussi en garder pour vous...

1 Préparation. Préchauffez le four à 180° (th. 6). Beurrez légèrement les moules à muffins.

2 Préparation de la farine. Versez les 200 g de farine, les 2 c. à soupe de cacao en poudre et le 1/2 sachet de levure chimique dans un bol et mélangez.

Ingrédients
(pour 6 muffins)

- ✓ 200 g de farine de blé ordinaire tamisée
- ✓ 20 g d'amandes en poudre
- ✓ 120 g de beurre + 20 g pour le moule
- ✓ 120 g de cassonade
- ✓ 3 œufs
- ✓ 120 g de chocolat noir
- ✓ 2 c. à soupe de cacao en poudre
- ✓ 1/2 sachet de levure chimique
- ✓ sucre glace

Ustensiles

- ✓ six moules à muffins ou à défaut six petits moules ronds de 8 cm à bord haut ou encore une plaque à muffins en silicone

3 Fonte du chocolat et du beurre. Découpez les 120 g de beurre et les 120 g de chocolat en petits carrés. Faites-les fondre au bain-marie.

4 Mélange. Versez ensuite les 120 g de cassonade et les 20 g d'amandes en poudre dans la farine et mélangez. Creusez un puits.

5 Incorporation des œufs. Déposez le chocolat et le beurre fondu dans la préparation et incorporez les 3 œufs un à un sans cesser de mélanger.

6 Cuisson. Versez la pâte dans les moules. Mettez à four chaud pendant environ 15 min. Attendez 5 min. avant de démouler vos muffins et laissez-les refroidir sur une grille.

› Trucs et astuces

Pour gagner du temps, vous pouvez utiliser des pépites de chocolat. Cela vous évitera de briser une tablette. Amusez-vous à varier les qualités en prenant un chocolat pâtissier, un chocolat au lait ou encore un chocolat vraiment très fort en cacao à plus de 70 %. Vous pouvez aussi préparer vos muffins avec un beurre demi-sel qui se mariera très bien avec les saveurs chocolatées.

Muffins
cannelle cassonnade

Du muesli et des raisins secs pour l'énergie et les fibres, du beurre et des œufs pour le moelleux, une pointe de cannelle en poudre pour les saveurs délicates… Que désirer de mieux que ces superbes muffins ?

1 **Préparation.** Préchauffez le four à 180° (th. 6). Beurrez les moules à muffins.

2 **Mélange.** Versez les 200 g de farine, la c. à café de cannelle et le demi-sachet de levure dans un saladier. Mélangez bien.

3 **Fonte du beurre.** Découpez les 120 g de beurre en dés. Mettez-les dans une casserole à fond épais. Faites fondre doucement.

4 **Incorporation.** Cassez les 3 œufs dans un saladier, ajoutez les 10 cl de crème, la c. à soupe d'huile, le beurre fondu et les 140 g de cassonade. Mélangez, puis incorporez dans la farine.

5 **Finition de la pâte.** Ajoutez les 120 g de muesli et les 20 g de raisins secs.

6 **Cuisson.** Versez la pâte dans les moules. Mettez à cuire environ 15 min. Attendez 5 min. avant de démouler les muffins.

Ingrédients
(pour 6 muffins)

- ✓ *200 g de farine de blé ordinaire tamisée*
- ✓ *140 g de cassonade*
- ✓ *120 g de muesli*
- ✓ *20 g de raisins secs*
- ✓ *120 g de beurre demi-sel + 10 g*
- ✓ *3 œufs*
- ✓ *10 cl de crème fraîche liquide*
- ✓ *1 c. à soupe d'huile de tournesol*
- ✓ *1 c. à café de cannelle en poudre*
- ✓ *1/2 sachet de levure chimique*

Ustensiles

- ✓ *6 moules à muffins*

› VARIATION GOURMANDE

Une huile de noix apportera une petite note parfumée très agréable à vos muffins. Par ailleurs, pour enrichir la pâte, vous pouvez ajouter 30 g de cerneaux de noix grossièrement hachés. Vous pouvez aussi remplacer les raisins secs par la même quantité de myrtilles séchées, ou par de petits dés d'abricot séché.

Préparation : 30 minutes | Repos : 1 heure | Cuisson : 10 minutes par fournée | Réalisation : très facile | Coût : bon marché

Petites galettes
au beurre

Et roule galette… Ces célèbres petits gâteaux, normands ou bretons, sentent bon le beurre et les goûters d'enfants. Indémodables, ils sont parfaits pour accompagner le thé ou le café. À croquer sans retenue !

1 Préparation. Versez les 200 g de farine dans un saladier, ajoutez la pincée de levure chimique et mélangez. Creusez un puits et déposez les 100 g de beurre découpé en dés et les 100 g de sucre en poudre. Mélangez du bout des doigts, puis incorporez peu à peu ce mélange crémeux à la farine.

2 Mélange. Formez un nouveau puits, versez les 5 cl de lait et mélangez de nouveau du bout des doigts. Votre pâte doit être parfaitement liée.

Ingrédients
(pour 4 à 6 personnes)

- ✓ *200 g de farine de blé ordinaire tamisée*
- ✓ *100 g de beurre ramolli*
- ✓ *100 g de sucre en poudre*
- ✓ *5 cl de lait*
- ✓ *1 pincée de levure chimique*
- ✓ *2 jaunes d'œufs pour la dorure*

Ustensiles

- ✓ *des emporte-pièce de forme ronde d'environ 4 cm de diamètre*

3 Temps de repos. Formez une boule de pâte, enveloppez-la dans un film alimentaire et déposez-la au frais pendant 1 h.

4 Façonnage. Préchauffez le four à 180° (th. 6). Sortez la pâte 5 min. avant de la travailler. À l'aide d'un rouleau, étalez-la sur une épaisseur d'environ 3 mm sur un plan de travail légèrement fariné. Découpez des petits cercles de pâte d'environ 4 cm de diamètre avec des emporte-pièce.

› Variation gourmande

Si vous n'avez pas d'emporte-pièce, utilisez un verre d'environ 5 cm de diamètre. Si vous voulez canneler les bords, utilisez des emporte-pièce cannelés ou plus simplement une roulette. Pour leur donner des formes plus originales, découpez-les à la pointe d'un couteau selon vos envies. Attention : découpez rapidement vos galettes, sinon la pâte risquerait de devenir trop molle.

5 Cuisson. Rangez les biscuits, espacés, sur une plaque de four couverte d'un papier sulfurisé. Badigeonnez-les ensuite d'un peu de jaune d'œuf battu en vous aidant d'un pinceau. Mettez à cuire à four chaud pendant environ 10 min. Les biscuits vont prendre une couleur dorée .

6 Séchage. Sortez la plaque de biscuits du four et laissez-les refroidir sur une grille. Poursuivez la cuisson des biscuits restant.

Préparation : 15 minutes | Repos : aucun | Cuisson : 8 minutes | Réalisation : très facile | Coût : très bon marché

Petits *craquants*

Ils sont vraiment irrésistibles ces petits biscuits craquants !
Vous les confectionnerez en grande quantité car ils peuvent se conserver.
Ils seront parfaits à l'heure du goûter ou bien encore en accompagnement d'une crème au chocolat ou d'une glace.

Ingrédients
(pour 4 à 6 personnes)

- ✓ 200 g de farine de blé pâtissière tamisée
- ✓ 200 g de sucre en poudre
- ✓ 100 g de beurre
- ✓ 10 cl de lait
- ✓ 4 blancs d'œufs
- ✓ 1/2 sachet de levure chimique
- ✓ 1 pincée de sel

Ustensile
- ✓ 1 poche à douille

1 PRÉPARATION. Préchauffez le four à 180° (th. 6). Mélangez les 200 g de farine et le demi- sachet de levure dans un saladier. Mettez les 100 g de beurre dans une petite casserole à fond épais et faites-le fondre doucement. Ôtez la casserole du feu.

2 MONTER LES BLANCS EN NEIGE. Versez les 4 blancs dans un saladier, ajoutez une pincée de sel et montez-les en neige ferme avec le fouet électrique.

3 MÉLANGE. Versez le beurre fondu et les 200 g de sucre dans un saladier et fouettez bien.

4 INCORPORATION. Incorporez peu à peu le mélange farine-levure dans le saladier contenant le beurre et le sucre. Versez les 10 cl de lait et mélangez bien.

5 FINITION DE LA PÂTE. Incorporez en trois fois les blancs en neige tout en mélangeant délicatement avec une spatule.

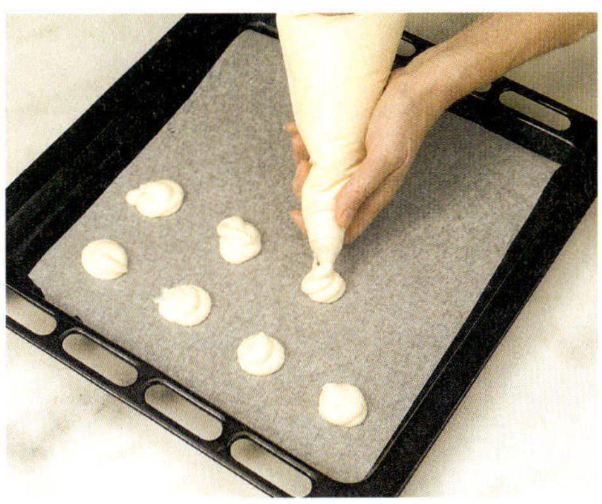

6 CUISSON. Déposez de petits de tas de pâte sur une plaque de four couverte d'un papier sulfurisé. Veillez à bien les espacer. Mettez à cuire 8 à 10 min. Poursuivez les cuissons jusqu'à épuisement de la pâte. Laissez refroidir sur une grille.

› TRUCS ET ASTUCES

Lorsque vous montez les blancs en neige, pensez toujours à nettoyer parfaitement le récipient que vous utilisez. La moindre trace peut suffire à empêcher les blancs de monter. De même, nettoyez toujours soigneusement le fouet et les ustensiles à pâtisserie que vous utilisez.

Préparation : 25 minutes | Repos : 1 heure | Cuisson : 10 minutes | Réalisation : très facile | Coût : bon marché

Petits pavés
au chocolat

Voilà de délicats petits biscuits qui combleront les amateurs de douceurs. Vous pourrez les présenter avec un chocolat chaud très corsé en cacao ou avec un café agrémenté d'un nuage de lait. Joli moment de gourmandise en perspective !

1 Mélange. Versez les 350 g de farine, les 150 g de sucre cassonade, les 40 g d'amandes en poudre, les 2 c. à soupe de cacao et la pincée de sel dans un saladier. Mélangez bien. Ajoutez les 150 g de dés de beurre et mélangez.

2 Incorporation. Ajoutez les 2 œufs dans la pâte et mélangez.

Ingrédients
(pour 4 à 6 personnes)

- ✓ *350 g de farine de blé pâtissière tamisée*
- ✓ *2 c. à soupe de cacao en poudre*
- ✓ *150 g de beurre ramolli en dés*
- ✓ *150 g de cassonade*
- ✓ *40 g d'amandes en poudre*
- ✓ *2 œufs + 1 jaune*
- ✓ *1 pincée de sel*

3 Temps de repos. Formez une boule de pâte et mettez-la dans un saladier. Couvrez d'un film alimentaire et laissez au frais environ 1 h.

4 Étaler la pâte. Préchauffez le four à 180° (th. 6). Étalez la pâte en une couche d'environ 1 cm d'épaisseur sur un plan de travail fariné. Découpez de petits rectangles d'environ 3 cm sur 7 cm.

› Trucs et astuces

Ne lavez jamais la coquille de vos œufs. Elle constitue une protection naturelle très efficace contre les micro-organismes. Vous les conserverez dans la partie la moins froide de votre réfrigérateur en prenant soin de les placer pointe en bas. Pour vos préparations à cru, prenez de préférence des œufs extra-frais, pondus depuis moins de 10 jours.

5 Dorure. Posez les petits rectangles de pâte sur une plaque de four couverte d'un papier sulfurisé. Badigeonnez le dessus d'un peu de jaune d'œuf.

6 Cuisson. Mettez à cuire environ 10 min. Laissez refroidir sur une grille.

Préparation : 20 minutes | Repos : aucun | Cuisson : 15 minutes | Réalisation : facile | Coût : bon marché

Scones
aux myrtilles

Célébrez l'heure du thé avec raffinement et confectionnez en un clin d'œil ces petits scones pleins d'énergie. Vous les apprécierez tout juste sortis du four, encore tièdes, avec une cuillère de crème fouettée !

1 PRÉPARATION. Préchauffez le four à 210° (th. 7). Coupez les 100 g de beurre en dés.

2 MÉLANGE FARINE-BEURRE. Mélangez dans un grand saladier les 450 g de farine et le sachet de levure chimique. Incorporez les dés de beurre et mélangez bien pour obtenir une pâte homogène.

Ingrédients
(pour 15 scones)

- ✓ *450 g de farine de blé ordinaire tamisée*
- ✓ *2 œufs*
- ✓ *100 g de beurre ramolli*
- ✓ *120 g de myrtilles*
- ✓ *10 cl + 3 c. à soupe de lait*
- ✓ *120 g de cassonade*
- ✓ *1 pincée de sel*
- ✓ *1 sachet de sucre vanillé*
- ✓ *1 sachet de levure chimique*

3 MÉLANGE. Versez les 120 g de myrtilles, le sachet de sucre vanillé et les 120 g de cassonade dans le mélange farine-beurre.

4 INCORPORATION. Ajoutez les 2 œufs, les 10 cl de lait et la pincée de sel. Travaillez rapidement la pâte du bout des doigts.

›TRUCS ET ASTUCES

Veillez à ne pas trop travailler votre pâte car elle risquerait de devenir trop dure à la cuisson. Vous pouvez aussi dorer les scones juste avant de mettre au four, avec un mélange de jaune d'œuf et de 2 c. à soupe d'eau que vous appliquerez en vous aidant d'un pinceau.

5 DÉCOUPE. Étalez la pâte sur une épaisseur de 1,5 cm. Découpez des scones en vous aidant d'un verre ordinaire ou d'un emporte-pièce.

6 CUISSON. Déposez les scones sur une plaque de four couverte d'un papier sulfurisé. Badigeonnez d'un peu de lait. Mettez à cuire environ 15 min. Laissez refroidir avant de servir.

Préparation : 30 minutes | Repos : 1 heure 20 | Cuisson : 12 minutes | Réalisation : très facile | Coût : bon marché

Spéculos

*Faites comme nos voisins belges et célébrez la pause café de manière savoureuse avec ces délicieux petits biscuits au bon goût de beurre et de cassonade !
Vous pouvez leur donner toutes sortes de formes amusantes.*

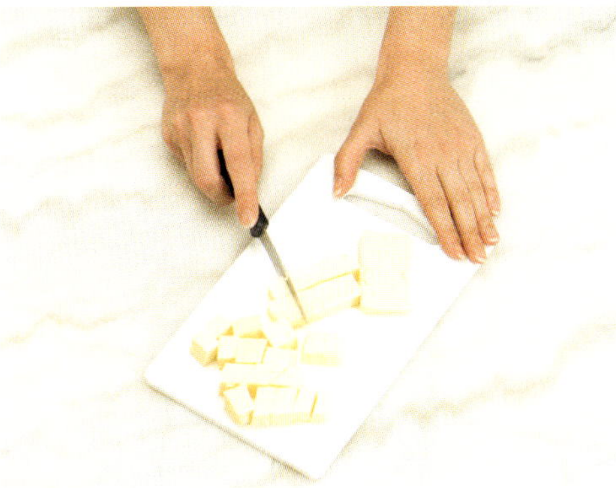

1 Préparation. Fouettez l'œuf dans un bol. Découpez les 125 g de beurre ramolli en dés. Mettez-les dans un saladier avec les 125 g de cassonade et mélangez bien pour obtenir une consistance onctueuse.

2 Incorporation. Ajoutez la c. à café de sel et la moitié de l'œuf battu. Incorporez les 175 g de farine, la 1/2 c. à café de cannelle en poudre, la c. à café de bicarbonate de soude et la c. à café de vanille liquide. Mélangez bien.

Ingrédients
(pour 4 à 6 personnes)

- ✓ *175 g de farine de blé ordinaire tamisée*
- ✓ *125 g de beurre ramolli*
- ✓ *125 g de cassonade*
- ✓ *1 c. à café de sel*
- ✓ *1 œuf*
- ✓ *1 c. à café de bicarbonate de soude*
- ✓ *1/2 c. à café de cannelle en poudre*
- ✓ *1 c. à café de vanille liquide*

3 Temps de repos. Formez une boule de pâte, enveloppez-la dans un film alimentaire et mettez-la au réfrigérateur pendant 3 h.

4 Étaler la pâte. Travaillez la pâte quelques instants puis étalez-la avec un rouleau sur un plan de travail fariné.

›Trucs et astuces

Les spéculos sont de savoureux petits biscuits venus de Belgique. On les prépare toute l'année pour le café et plus particulièrement au moment de la Saint-Nicolas. Vous pouvez les réaliser à l'avance et les conserver dans une boîte en métal, bien à l'abri de l'humidité. Mais ils sont encore meilleurs lorsqu'ils sortent du four.

5 Façonnage. Découpez avec un couteau de petits carrés d'environ 3,5 cm de côté. Placez-les sur une plaque de four légèrement beurrée. Veillez à bien les espacer.

6 Cuisson. Faites cuire 10 à 12 min. Laissez tiédir les biscuits sur une grille avant de les déguster.

Préparation : 15 minutes | Repos : aucun | Cuisson : 20 minutes | Réalisation : très facile | Coût : très bon marché

Triangles
aux épices

Ils sont riches en goût et en parfums, à la fois moelleux et croquants, ces petits triangles aux noix et aux épices. Vous les proposerez à vos invités pour agrémenter un thé ou un café réconfortant.

1 Mélange. Préchauffez le four à 180° (th. 6). Cassez les 2 œufs dans un saladier. Coupez les 100 g de beurre en dés. Versez les 125 g de sucre en poudre, le sachet de sucre vanillé et les dés de beurre dans le saladier et mélangez bien avec un fouet.

2 Mélange farine-levure. Versez les 280 g de farine et le demi-sachet de levure dans un saladier. Mélangez bien.

Ingrédients
(pour 4 à 6 personnes)

- 280 g de farine de blé ordinaire tamisée
- 2 œufs
- 125 g de sucre en poudre
- 50 g de noix hachées
- 100 g de beurre ramolli
- 1 sachet de sucre vanillé
- 1/2 sachet de levure chimique

Pour la décoration

- 2 c. à soupe de lait
- 2 c. à soupe de cassonade
- 1 pointe de cannelle en poudre

3 Incorporation. Versez peu à peu la farine en pluie dans le saladier contenant les œufs, le sucre et le beurre. Ajoutez les 50 g de noix hachées.

4 Étaler la pâte. Travaillez la pâte, puis faites-en une boule. Beurrez légèrement une plaque de four. Étalez la pâte avec les mains ; donnez-lui une forme rectangulaire et uniforme.

› Variation gourmande

Variez les épices de vos biscuits en ajoutant à la pâte une petite pincée de noix de muscade finement râpée ou une pointe de clous de girofle broyés. Vous pouvez, bien sûr, donner à vos biscuits des formes variées.

5 Finition. Badigeonnez le dessus de la pâte d'un peu de lait à l'aide d'un pinceau. Dessinez des stries avec une fourchette.

6 Cuisson. Mettez à cuire environ 20 min. Mélangez les 2 c. à soupe de cassonade et la pointe de cannelle en poudre. Saupoudrez-en la pâte. Découpez celle-ci en petits triangles de taille régulière. Laissez refroidir sur une grille.

Les viennoiseries

Préparation : 20 minutes | *Repos : aucun* | *Cuisson : 10 minutes* | *Réalisation : très facile* | *Coût : très bon marché*

Bretzels
sucrés

Voilà une idée vraiment originale qui fera date dans les mémoires gourmandes. Très faciles à confectionner, ces bretzels sucrés ne nécessitent qu'un peu de doigté. N'hésitez pas à demander aux enfants de vous aider à les préparer ! Ils n'en seront que meilleurs !

1 **Étaler la pâte.** Étalez la pâte en une couche fine.

2 **Découpe.** Découpez des bandelettes de pâte d'environ 2 cm de large et de 30 cm de long.

Ingrédients
(pour 12 bretzels)

- ✓ *250 g de pâte feuilletée*
- ✓ *1 jaune d'œuf*
- ✓ *30 g de cassonade*

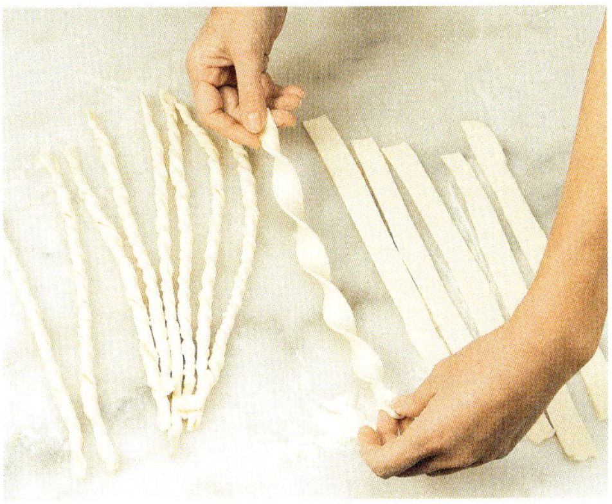

3 **Façonnage.** Tordez délicatement chaque bandelette de pâte sur elle-même.

4 **Finition.** Formez un bretzel avec chaque bandelette. Veillez à bien souder les bords avec les doigts.

›TRUCS ET ASTUCES

Vous pouvez trouver une très bonne pâte feuilletée toute prête dans le commerce ou bien la commander auprès de votre pâtissier habituel. Parfumez vos bretzels en utilisant une cassonade à la vanille naturelle. Amusez-vous à confectionner des bretzels de différentes tailles. Mais attention : surveillez-les bien au moment de la cuisson!

5 **Dorure.** Préchauffez le four à 210° (th. 7). Déposez les bretzels sur une plaque de four couverte d'un papier sulfurisé. Badigeonnez les bretzels d'un peu de jaune d'œuf en vous aidant d'un pinceau. Saupoudrez de cassonade.

6 **Cuisson.** Mettez à cuire environ 10 à 12 min. Laissez ensuite refroidir sur une grille.

Préparation : 20 minutes | Repos : 3 heures | Cuisson : 20 minutes | Réalisation : très facile | Coût : très bon marché

Brioche
en couronne lorraine

Aujourd'hui, vous allez créer une petite fête autour de la confection de cette brioche pas comme les autres. Cette jolie couronne sera parfaite pour agrémenter une table dédiée aux gourmandises sucrées et salées. Appelez les enfants à l'aide, et lancez-vous !

1 Préparation du levain. Émiettez les 10 g de levure fraîche dans un bol et ajoutez 50 g de farine et les 5 cl de lait tiède. Mélangez.

2 Mélange. Versez les 250 g de farine restant dans un saladier. Formez un puits. Ajoutez les 3 œufs, les 60 g de sucre en poudre et les 2 pincées de sel. Mélangez. Formez une boule de pâte et laissez reposer 30 min. dans un endroit tiède.

Ingrédients
(pour 1 brioche)

- ✓ *300 g de farine de blé ordinaire tamisée*
- ✓ *150 g de beurre ramolli + 10 g*
- ✓ *5 cl de lait tiède*
- ✓ *60 g de sucre en poudre*
- ✓ *3 œufs + 1 jaune*
- ✓ *10 g de levure fraîche de boulanger*
- ✓ *30 g de noisettes hachées*
- ✓ *2 pincées de sel*

3 Finition de la pâte. Incorporez le levain dans la pâte. Découpez les 150 g de beurre en dés et ajoutez-les dans la pâte. Travaillez la pâte quelques instants et couvrez-la d'un linge. Laissez gonfler 2 h dans un endroit chaud à l'abri des courants d'air.

4 Façonnage. Formez un boudin de pâte. Disposez-le en couronne sur une plaque de four beurrée et farinée.

› Variation gourmande

Pour les gourmands amateurs de saveurs délicates, n'hésitez pas à ajouter dans votre pâte une cuillère à café d'eau de fleur d'oranger ou une cuillère à café d'eau de rose. Vous pouvez jouer les saveurs italiennes et incorporez un doigt d'amaretto : cette liqueur donnera un délicieux parfum d'amande à ce plaisir sucré.

5 Temps de repos. Couvrez d'un linge et laissez dans un endroit chaud à l'abri des courants d'air environ 30 min. Préchauffez le four à 180° (th. 6). Badigeonnez le dessus de la brioche de jaune d'œuf battu.

6 Cuisson. Saupoudrez de noisettes hachées. Mettez à cuire environ 20 min. Surveillez la cuisson pour qu'elle ne noircisse pas. Laissez refroidir sur une grille.

Préparation : 25 minutes | Repos : 10 heures | Cuisson : 35 minutes | Réalisation : très facile | Coût : bon marché

Brioche
mousseline

Jouez les maîtres boulangers avec cette recette de la meilleure tradition française ! Rien de tel qu'une vraie brioche maison pour réjouir les palais à l'heure du petit déjeuner !

1 Préparation. Émiettez les 10 g de levure fraîche dans un bol. Ajoutez les 7 cl d'eau tiède et mélangez. Découpez les 115 g de beurre en dés.

2 Mélange. Versez les 300 g de farine dans un saladier et creusez un puits. Déposez les 2 œufs, les 30 g de sucre en poudre et la demi-cuillère à café de sel.

Ingrédients
(pour 1 brioche)

- *300 g de farine de blé ordinaire tamisée*
- *115 g de beurre ramolli + 20 g*
- *30 g de sucre en poudre*
- *2 œufs + 1 jaune*
- *7 cl d'eau tiède*
- *10 g de levure fraîche de boulanger*
- *1/2 c. à café de sel*

Ustensile
- *1 moule rond à bord haut d'environ 16 cm*

3 Pétrissage. Ajoutez la levure délayée et mélangez du bout des doigts. Travaillez la pâte pendant 3 min. environ puis incorporez les dés de beurre. Travaillez la pâte 12 à 15 min.

4 Temps de repos. Formez une boule de la pâte, déposez-la dans un saladier, couvrez-la d'un linge et laissez-la lever doucement dans un endroit frais (à environ 10°) pendant 7 h.

›TRUCS ET ASTUCES

Pour réussir sans difficulté la pâte de votre brioche, utilisez des produits à température ambiante. Ils se mélangeront d'autant mieux. Pour cela, pensez à sortir les œufs, le lait et le beurre du réfrigérateur suffisamment à l'avance. Si vos mains ont tendance à coller un peu trop à la pâte, passez-les dans la farine.

5 Façonnage. Beurrez le moule. Travaillez à nouveau la pâte à la main quelques instants. Déposez-la dans le moule, couvrez d'un linge et laissez gonfler pendant 3 h dans un endroit chaud.

6 Cuisson. Préchauffez le four à 180° (th. 6). Badigeonnez la brioche d'un peu de jaune d'œuf battu. Mettez à cuire pendant environ 35 min. Démoulez et laissez refroidir sur une grille.

Préparation : 40 minutes | Repos : 1 heure 20 | Cuisson : 20 minutes | Réalisation : difficile | Coût : bon marché

Chaussons
aux pommes

Cédez à la tentation des chaussons aux pommes !
Une vraie pâte feuilletée, une bonne compote de pommes maison…
et ce sont toutes les saveurs tendres et fruitées de l'enfance qui réapparaissent.
Succès garanti au retour de l'école !

1 PRÉPARATION. Versez les 150 g de farine dans un saladier, ajoutez 30 g de beurre découpé en dés, les 2 pincées de sel et les 8 cl d'eau. Mélangez bien le tout en une pâte homogène. Formez une boule de pâte, enveloppez-la d'un film alimentaire et mettez au frais 30 min.

2 1ER PLIAGE. Découpez 95 g de beurre en lamelles d'épaisseur égale. Étalez la pâte sur un plan de travail et donnez-lui la forme d'un rectangle. Déposez les lamelles de beurre sur les deux tiers et rabattez la pâte pour la plier en trois. Tournez la pâte d'1/4 de tour, étalez-la puis repliez-la de la même manière.

3 2E PLIAGE. Enveloppez la pâte dans un film alimentaire et mettez-la au frais 30 min. Étalez à nouveau la pâte et repliez-la en trois. Étalez une dernière fois et repliez la pâte en trois. Mettez la pâte au frais 20 min., enveloppée dans un film alimentaire.

4 CUISSON DES POMMES. Épluchez les 450 g de pommes, ôtez le cœur et les pépins et coupez-les en quartiers. Faites-les cuire au frémissement pendant 15 à 20 min. dans une casserole avec les 60 g de sucre en poudre et la 1/2 c. à café de vanille. Laissez refroidir.

5 DÉCOUPAGE. Étalez la pâte sur une épaisseur de 5 mm. Découpez des cercles de 13 cm de diamètre. Allongez chaque cercle en ovale d'environ 18 cm de long. Badigeonnez les bords d'un peu d'œuf battu. Déposez au centre 2 c. à soupe de compote de pommes froide.

6 GARNISSAGE ET CUISSON. Repliez la pâte et soudez les bords. Déposez les chaussons sur une plaque à pâtisserie et badigeonnez d'œuf battu. Piquez chaque chausson à 2 ou 3 endroits. Mettez au frais 20 min. Mettez à cuire à four chaud 20 à 25 min. à 210° (th. 7). Les chaussons vont dorer.

Ingrédients

(pour 6 chaussons)

Pour la pâte feuilletée

- ✓ *150 g de farine de blé ordinaire tamisée*
- ✓ *125 g de beurre*
- ✓ *8 cl d'eau*
- ✓ *2 pincées de sel*

Pour la garniture

- ✓ *450 g de pommes*
- ✓ *60 g de sucre en poudre*
- ✓ *1 œuf*
- ✓ *1/2 c. à café de vanille liquide*
- ✓ *sucre glace*

Préparation : 10 minutes | Repos : aucun | Cuisson : 25 minutes | Réalisation : facile | Coût : très bon marché

Chouquettes
nature

La pâte délicatement aérienne des petits choux et le croustillant des grains de sucre forment une alliance unique qui ravit les petits comme les grands. Les chouquettes impressionnent tout le monde. Même celui ou celle qui les prépare – et pourtant elles sont d'une grande simplicité ! Une gourmandise à savourer à toute heure !

1 Préparation. Préchauffez le four à 200° (th. 6-7). Versez les 12 cl d'eau, la c. à soupe de sucre en poudre, la petite pincée de sel et les 50 g de beurre dans une petite casserole à fond épais. Faites chauffer quelques instants. Dès que vous voyez apparaître les premiers bouillons, ôtez la casserole du feu.

2 Mélange. Versez les 75 g de farine en une seule fois dans la casserole. Mélangez vivement avec une spatule. La pâte va former une masse élastique qui se décolle des parois. Incorporez alors un à un les 2 œufs sans cesser de mélanger. La pâte doit être souple et un peu ferme.

Ingrédients
(pour 4 personnes)

- ✓ *75 g de farine à pâtisserie*
- ✓ *50 g de beurre*
- ✓ *2 œufs + 1 jaune d'œuf*
- ✓ *1 c. à soupe de sucre en poudre*
- ✓ *12 cl d'eau*
- ✓ *200 g de gros grains de sucre*
- ✓ *1 petite pincée de sel*

3 Façonnage. Formez de petites boules à l'aide de 2 c. à café. Déposez-les sur une plaque de four. Veillez à bien espacer les choux pour éviter qu'ils ne se soudent en gonflant à la cuisson.

4 Cuisson. Badigeonnez le dessus des choux d'un peu de jaune d'œuf battu et déposez des grains de sucre. Mettez à four chaud pendant 20 min. environ. Les choux vont dorer légèrement.

› Variation gourmande

Vous pouvez enrichir vos petits choux en les fourrant d'une crème onctueuse. Veillez simplement à réaliser ce fourrage avec des choux parfaitement refroidis. Pour cela, préparez une crème pâtissière avec 3 jaunes d'œufs, 75 g de sucre en poudre, 50 g de farine tamisée et 1/2 litre de lait. Laissez refroidir. Fendez les choux sur le côté et garnissez-les d'un peu de crème avec une petite cuillère.

5 Dressage. Sortez-les du four et laissez-les refroidir sur une grille.

› Décoration

Avec la même base de pâte à choux, vous pouvez confectionner des choux recouverts d'un glaçage blanc du plus bel effet.
Vous ferez cuire les petits choux sans les grains de sucre. Puis, vous mélangerez dans un bol 50 g de sucre glace et 1/2 c. à soupe d'eau - en versant l'eau goutte à goutte afin d'obtenir une pâte lisse et homogène. À l'aide d'une spatule ou de la lame d'un couteau, vous étalerez ce glaçage en une couche un peu épaisse sur les petits choux refroidis.

Préparation : 1 heure 30 | Repos : 4 heures | Cuisson : 20 minutes | Réalisation : facile | Coût : bon marché

Croissants
au beurre parisiens

Le croissant au beurre, spécialité typiquement française, est un grand classique du petit déjeuner. Son feuilletage moelleux en fait une viennoiserie incomparable. Préparés la veille et cuits le matin, les croissants parfumeront la maison et feront la joie de tous. Emballés encore tièdes, ils se conserveront une quinzaine de jours au congélateur.

1 Préparation. Émiettez les 15 g de levure dans un bol avec 20 cl d'eau tiède, ajoutez les 50 g de sucre et les 10 g de sel. Mettez les 500 g de farine sur le plan de travail, creusez un puits et versez le mélange sucre, sel, levure, et les 15 cl de lait. Mélangez le tout.

2 Mélange et fermentation. Pétrissez légèrement afin d'obtenir une pâte souple et lisse, puis façonnez une boule et déposez-la dans un saladier couvert d'un linge humide. Laissez lever la pâte pendant 2 h à température ambiante.

Ingrédients

(pour 16 petits croissants)

- ✓ *500 g de farine de blé ordinaire tamisée*
- ✓ *300 g de beurre*
- ✓ *50 g de sucre en poudre*
- ✓ *10 g de sel*
- ✓ *20 cl d'eau*
- ✓ *15 cl de lait*
- ✓ *15 g de levure fraîche de boulanger*
- ✓ *1 œuf battu pour la dorure*

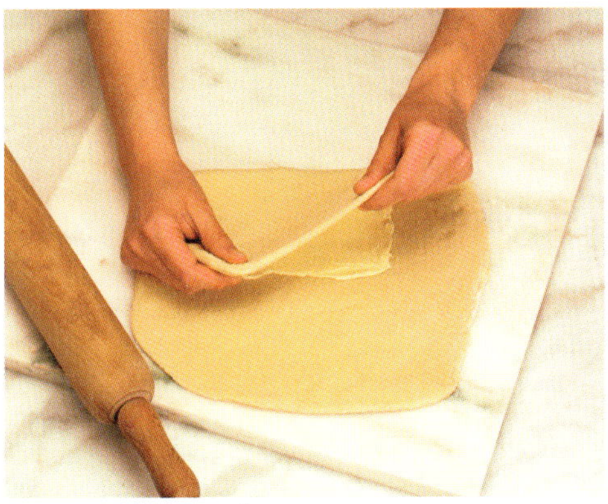

3 Pétrissage. Écrasez la pâte avec les poings en la retournant vivement. Aplatissez les 300 g de beurre au rouleau et détachez-en des morceaux. Aplatissez la pâte en un grand rectangle et étalez le beurre au centre. Repliez la pâte en trois sur le beurre.

4 Préparation de la pâte. Farinez le plan de travail. Allongez la pâte au rouleau et pliez-la en quatre, puis en deux. Enveloppez la pâte d'un film plastique. Mettez-la au réfrigérateur 30 min. Ensuite, tournez la pâte afin d'avoir la jointure à droite, allongez-la de nouveau en un rectangle, et pliez-la en trois.

›Variation gourmande

Les croissants dits « ordinaires » ne sont pas, malgré ce que l'on pense, des croissants plus légers. On a simplement remplacé le beurre par de la margarine… au détriment du goût, pas des calories !

5 Pliage particulier. Laissez reposer au réfrigérateur 30 min. Enfin, étalez la pâte en un rectangle et découpez-la à l'aide d'une roulette à pâtisserie ou d'un couteau pointu. Coupez des triangles dans la pâte. Du bout des doigts, roulez chaque triangle en partant de la base jusqu'à la pointe.

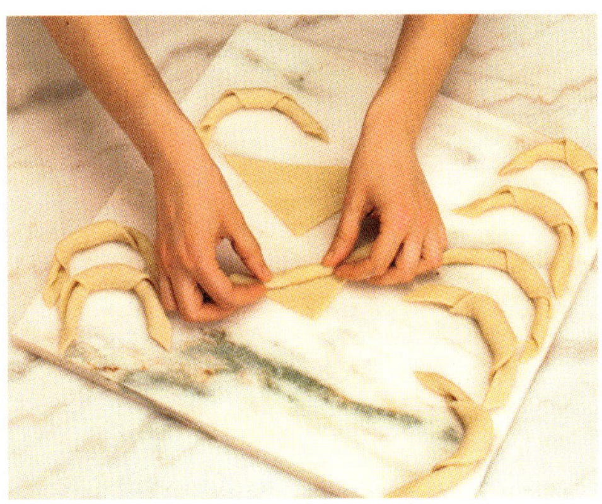

6 Façonnage et cuisson. Courbez-les légèrement. Déposez-les sur la plaque du four et badigeonnez-les au pinceau avec l'œuf battu. Laissez-les lever 1 h. Préchauffez le four à 220° (th. 7-8). Enfournez-les à four chaud et faites-les cuire pendant 15 à 20 min. en surveillant la coloration.

Préparation : 50 minutes | Repos : aucun | Cuisson : 20 minutes | Réalisation : difficile | Coût : cher

Éclairs
au chocolat

L'éclair au chocolat, avec sa sœur la « religieuse », est la star des desserts réalisés à partir de la pâte à choux. Mais, par rapport aux religieuses, les éclairs sont plus faciles à confectionner… et à déguster. Sans compter que vous pouvez les préparer à la taille que vous désirez et les accommoder de nombreuses façons.

1 PRÉPARATION DE LA PÂTE À CHOUX. Mettez les 12 cl de lait et d'eau, les 50 g de beurre et les 2 c. de sucre dans une casserole. Portez à ébullition et retirez la casserole du feu. Ajoutez les 60 g de farine et mélangez rapidement avec une spatule. Remettez la casserole sur le feu et tournez 1 min. pour dessécher la pâte.

2 MOULAGE ET CUISSON. Hors du feu, incorporez les 2 œufs en fouettant vivement, jusqu'à ce que la pâte soit homogène. À l'aide d'une poche à douille, formez 10 petits boudins d'environ 10 cm sur la plaque du four beurrée. Faites cuire la pâte pendant 20 min à 200° (th. 6-7).

3 PRÉPARATION DE LA CRÈME PÂTISSIÈRE. Dans une casserole, faites bouillir les 25 cl de lait avec le sucre vanillé. Dans un grand bol, fouettez vivement les 2 jaunes d'œufs et les 50 g de sucre. Incorporez les 20 g de farine.

4 MÉLANGE ET CUISSON DE LA CRÈME. Après ébullition, versez le lait bouillant sur le mélange en fouettant. Ajoutez les 80 g de chocolat coupé en morceaux, laissez-le fondre en remuant. Remettez la casserole sur le feu. Faites bouillir la crème 1 min.

5 PRÉPARATION DU GLAÇAGE AU CHOCOLAT. Faites chauffer les 50 g de chocolat au bain-marie en tournant avec une spatule. Incorporez le sucre glace, puis le beurre. Une fois fondu, retirez du feu et ajoutez la c. à soupe d'eau.

6 FAÇONNAGE DES ÉCLAIRS. Quand les éclairs sont froids, fendez-les sur le côté et introduisez la crème pâtissière à l'aide de la poche à douille. Glacez les éclairs avec le glaçage au chocolat. Mettez-les au frais jusqu'au moment de servir.

Ingrédients
(pour 10 éclairs)

Pour la pâte à choux
- ✓ *26 cl de lait et 6 cl d'eau mélangés*
- ✓ *50 g de beurre + 20 g pour le glaçage*
- ✓ *60 g de farine tamisée*
- ✓ *2 œufs*
- ✓ *2 c. à café de sucre en poudre*

Pour la crème pâtissière
- ✓ *25 cl de lait*
- ✓ *1 sachet de sucre vanillé*
- ✓ *2 jaunes d'œufs*
- ✓ *50 g de sucre en poudre*
- ✓ *20 g de farine tamisée*
- ✓ *80 g de chocolat à cuire*

Pour le glaçage au chocolat
- ✓ *50 g de chocolat à cuire*
- ✓ *20 g de beurre*
- ✓ *40 g de sucre glace*

Ustensile
- ✓ *une poche à douille*

› VARIATION GOURMANDE

Vous pouvez naturellement parfumer vos éclairs avec du café ou de la vanille, selon vos goûts. Vous pouvez aussi ne pas les glacer, mais les saupoudrer de sucre glace quand ils sont bien froids, ou encore les napper d'un caramel blond. Et si vous voulez épater vos invités, parfumez-les avec du thé « matcha », un thé vert en poudre très facile à utiliser !

Préparation : 1 heure 10 | *Repos : 2 heures* | *Cuisson : 20 minutes* | *Réalisation : difficile* | *Coût : bon marché*

Millefeuilles

Des couches de pâte feuilletée croustillante que sépare une délicieuse crème pâtissière, le tout saupoudré de sucre glace : les millefeuilles sont aussi savoureux que... difficiles à manger ! Ils n'en demeurent pas moins l'une des pâtisseries les plus appréciées, qu'il est agréable de déguster quelle que soit la saison.

1 PRÉPARATION DE LA PÂTE FEUILLETÉE. Sur le plan de travail, mélangez du bout des doigts les 250 g de farine et 100 g de beurre détaillé en morceaux. Incorporez le sel et les 10 cl d'eau. Formez une boule et laissez reposer 1 h.

2 PLIAGE DE LA PÂTE. Étalez la pâte au rouleau sur le plan de travail fariné. Étalez les 100 g de beurre restant en morceaux sur les deux tiers de la pâte et pliez-la en trois. Tournez-la d'un quart, allongez-la au rouleau et repliez-la en trois. Pliez-la et étalez-la encore deux fois.

3 FAÇONNAGE ET CUISSON. Enveloppez la pâte d'un film plastique et laissez-la reposer 1 h au réfrigérateur. Étalez ensuite la pâte en trois rectangles d'environ 2 mm d'épaisseur ; disposez-les sur la plaque de cuisson humidifiée et piquez-les avec une fourchette. Faites-les cuire 20 min. à 210° (th.7).

4 PRÉPARATION DE LA CRÈME PÂTISSIÈRE. Faites bouillir les 25 cl de lait avec le sucre vanillé. Dans un saladier, fouettez vivement les deux jaunes d'œufs et les 60 g de sucre. Ajoutez la fécule ou la farine.

5 CUISSON DE LA CRÈME PÂTISSIÈRE. Versez le lait bouillant sur le mélange en remuant et remettez le tout sur le feu. Faites bouillir une minute en fouettant pour que la crème n'attache pas. Versez-la dans un bol propre pour la faire refroidir.

6 FAÇONNAGE. Sur le premier rectangle de feuilletage, étalez une couche de crème, posez le deuxième rectangle, remettez une couche de crème, puis posez le troisième rectangle. Saupoudrez avec le sucre glace. Découpez des parts avec un couteau à dents.

Ingrédients
(pour 8 à 10 personnes)

Pour la pâte feuilletée
- ✓ *250 g de farine fine tamisée*
- ✓ *200 g de beurre*
- ✓ *1 c. à café de sel*
- ✓ *10 cl d'eau*
- ✓ *50 g de sucre glace pour le décor*

Pour la crème pâtissière
- ✓ *25 cl de lait*
- ✓ *2 jaunes d'œufs*
- ✓ *60 g de sucre*
- ✓ *1 sachet de sucre vanillé*
- ✓ *1 c. à soupe de fécule de maïs ou de farine*

› VARIATION GOURMANDE

Vous pouvez parfumer votre crème pâtissière avec du rhum, du Grand Marnier ou encore du chocolat. Vous pouvez aussi préparer une crème Chantilly qui vous servira à garnir le millefeuilles. Vous saupoudrerez de sucre glace et déposerez quelques framboises ou fraises fraîches sur le dessus.

Préparation : 15 minutes | *Repos : 1 heure 15* | *Cuisson : 15 minutes* | *Réalisation : facile* | *Coût : très bon marché*

Pains
aux raisins

Retrouvez le chemin de l'école et préparez chez vous de vrais petits pains aux raisins comme dans votre enfance. Ces escargots briochés sont un goûter aussi délicieux que nourrissant !

1 Préparation. Versez 50 g de farine dans un saladier. Creusez un puits. Émiettez les 12 g de levure fraîche, versez les 12 cl de lait tiède et mélangez. Couvrez d'un linge. Laissez gonfler le levain dans un endroit tiède pendant 20 min.

2 Mélange. Versez les 200 g de farine restant dans un saladier. Creusez un puits et déposez les 15 g de sucre en poudre et la 1/2 c. à café de sel sur le bord du puits. Versez le levain au centre du puits, ajoutez l'œuf et incorporez la farine. Pétrissez 5 min. Ajoutez les 60 g de beurre et mélangez bien.

3 Macération. Roulez la pâte en boule, couvrez d'un linge et laissez gonfler pendant 30 min. à température ambiante. Déposez les 80 g de raisins secs dans un bol avec les 5 cl de rhum et les 5 cl d'eau tiède. Travaillez à nouveau la pâte rapidement. Couvrez d'un linge et laissez reposer 20 min.

4 Préparation. Faites chauffer les 25 cl de lait. Mélangez dans un saladier le sachet de sucre vanillé, les 50 g de sucre en poudre et les 2 jaunes d'œufs jusqu'à ce qu'ils blanchissent légèrement. Versez les 20 g de farine, mélangez et ajoutez le lait chaud. Portez au frémissement puis ôtez du feu.

5 Façonnage. Préchauffez le four à 180° (th. 6). Égouttez les raisins. Étalez la pâte en un grand rectangle sur une épaisseur d'environ 1/2 cm. Étalez une couche régulière de crème pâtissière. Répartissez les raisins secs.

6 Finition. Roulez la pâte en un gros boudin. Découpez des tronçons de 2 à 3 cm d'épaisseur. Déposez-les sur une plaque de four. Badigeonnez d'un peu d'œuf battu le dessus. Mettez à four chaud pendant environ 15 min. Laissez refroidir sur une grille.

Ingrédients

(pour 4 à 6 personnes)

Pour la pâte briochée

- ✓ 250 g de farine de blé ordinaire tamisée
- ✓ 12 g de levure fraîche de boulanger
- ✓ 60 g de beurre ramolli
- ✓ 15 g de sucre en poudre
- ✓ 12 cl de lait
- ✓ 1 petit œuf + 1 œuf
- ✓ 1/2 c. à café de sel

Pour la crème pâtissière

- ✓ 25 cl de lait
- ✓ 2 jaunes d'œufs
- ✓ 50 g de sucre en poudre
- ✓ 20 g de farine
- ✓ 1 sachet de sucre vanillé
- ✓ 80 g de raisins secs
- ✓ 5 cl de rhum
- ✓ 5 cl d'eau

›TRUCS ET ASTUCES

Pour gagner du temps, vous pouvez préparer la pâte de vos petits pains aux raisins la veille et la conserver au réfrigérateur pendant une nuit, soigneusement couverte d'un film alimentaire. Vous pouvez aussi les badigeonner à la sortie du four d'un peu de confiture d'abricot délayée dans de l'eau puis les couvrir d'une fine couche de glaçage préparé avec 25 g de sucre glace mélangé à 1 c. à café d'eau.

Préparation : 30 minutes | Repos : 2 heures | Cuisson : 15 minutes | Réalisation : facile | Coût : bon marché

Palmiers
aux épices

La pâte feuilletée réserve bien des surprises. Simplement sucrée pour ces palmiers dorés et croustillants, elle est un pur délice. La forme en cœur des palmiers convient parfaitement pour les goûters en amoureux, et plaît tout autant aux enfants, qui aiment les viennoiseries coquines et sans façon, à manger avec les doigts.

Ingrédients
(pour 12 palmiers)

- ✓ *250 g de farine de blé ordinaire tamisée*
- ✓ *180 g de beurre + 20 g pour la plaque de cuisson*
- ✓ *12 cl d'eau*
- ✓ *1 c. à soupe de sucre en poudre*
- ✓ *1 œuf battu pour la dorure*
- ✓ *cassonade*

Pour la garniture

- ✓ *100 g de sucre en poudre*
- ✓ *1 c. à café de cannelle en poudre*
- ✓ *1 pincée de muscade et de gingembre en poudre*

1 Préparation de la pâte feuilletée. Dans un saladier, mélangez du bout des doigts les 250 g de farine et 80 g de beurre détaillé en morceaux. Incorporez le sel, la c. à soupe de sucre et les 12 cl d'eau. Formez une boule et laissez reposer 1 h.

2 Pliage de la pâte. Étalez la pâte au rouleau sur le plan de travail fariné. Étalez les 100 g de beurre restant en morceaux, sur les deux tiers de la pâte. Pliez le rectangle de pâte en trois. Tournez le pâton d'un quart, allongez-le au rouleau et repliez-le en trois.

3 Renouvellement du pliage. Enveloppez la pâte d'un film plastique et laissez-la reposer 30 min. au réfrigérateur. Étalez de nouveau la pâte en un rectangle et répétez les opérations de pliage comme précédemment encore trois fois. Remettez la pâte pliée au frais pendant 30 min.

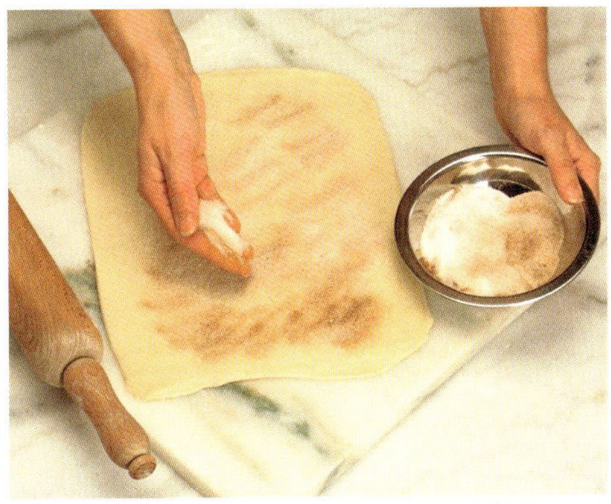

4 Préparation de la garniture. Étalez la pâte en un rectangle d'environ 35 sur 20 cm. Mélangez dans un bol les 100 g de sucre et les épices – cannelle, muscade et gingembre –, et parsemez-en la pâte.

5 Façonnage. Repliez les grands côtés du rectangle vers le centre de façon qu'ils se rejoignent au milieu. Repliez chacun des côtés encore une fois pour avoir quatre épaisseurs. Fermez et collez avec l'œuf battu. Coupez le rouleau de pâte en 12 tranches d'environ 1 à 2 cm d'épaisseur.

6 Finition et cuisson. Déposez les palmiers sur la plaque du four beurrée. Avec une spatule farinée, aplatissez légèrement les tranches. Saupoudrez de cassonade. Préchauffez le four à 200° (th. 7). Lorsqu'ils sont dorés et gonflés, laissez refroidir les palmiers sur une grille.

Préparation : 1 heure 15 | Repos : 16 heures | Cuisson : 20 minutes | Réalisation : facile | Coût : bon marché

Petites brioches
à tête

Rien de tel qu'une ribambelle de petites brioches pour animer un goûter. Avec leur charmant chapeau en boule, leur saveur et leur moelleux, elles sont inoubliables. Dégustées légèrement tièdes, nature ou avec de la confiture, elles sauront séduire tous les palais. On les appelle aussi « petites brioches parisiennes ».

1 La veille. Préparation. Émiettez les 25 g de levure dans 10 cl d'eau. Ajoutez les 50 g de sucre et les 2 c. à café de sel. Mettez les 500 g de farine sur le plan de travail, creusez un puits. Versez la préparation de levure, sucre et sel. Mélangez, puis ajoutez 2 œufs.

2 Mélange. Mélangez et incorporez les 2 autres œufs l'un après l'autre. Pétrissez la pâte vigoureusement. Elle doit être souple, brillante et ferme. Ajoutez les 250 g de beurre ramolli en travaillant doucement. Formez une boule, couvrez-la d'un linge humide et laissez reposer 3 h.

Ingrédients

(pour 10 petites brioches)

- ✓ 500 g de farine de blé ordinaire tamisée
- ✓ 25 g de levure fraîche de boulanger
- ✓ 10 cl d'eau tiède (25°)
- ✓ 2 c. à café de sel
- ✓ 250 g de beurre
- ✓ 4 œufs + 1 œuf pour la dorure
- ✓ 50 g de sucre en poudre

Ustensiles

- ✓ 10 petits moules à brioche

3 Pétrissage et temps de repos. La pâte doit avoir doublé de volume. Faites-la retomber en appuyant dessus et en la pliant sur la table farinée. Formez une boule et mettez-la dans un saladier, couvrez d'un film plastique. Entreposez la pâte dans le réfrigérateur pendant 12 h.

4 Le jour même. Découpage. Détaillez la pâte refroidie en dix morceaux. Prélevez un peu de pâte de chaque boule pour confectionner la tête. D'un côté, formez des boules de la taille d'une balle de ping-pong entre vos mains farinées et, de l'autre (avec la petite réserve), des boules de la taille d'une bille.

› Variation gourmande

Vous pouvez fourrer vos petites brioches. Dans ce cas, ôtez la tête et creusez un petit trou dans la brioche. Puis versez une cuillerée de miel liquide, de confiture de fraise ou de framboise ou encore de crème pâtissière et remettez la tête de la brioche en place. Idéal pour le petit déjeuner ou le goûter.

5 Façonnage. Disposez les grosses boules dans les moules à brioche beurrés. Tassez la pâte en tapant les moules sur le plan de travail. Enfoncez un doigt au centre et placez la petite « bille » de pâte qui formera la tête. Badigeonnez au pinceau avec un œuf battu. Couvrez d'un linge et laissez lever 1 h.

6 Cuisson. Préchauffez le four à 220° (th. 7). Avec le pinceau, badigeonnez à nouveau une couche d'œuf battu sur chaque brioche avant d'enfourner. Faites cuire pendant 20 min. en surveillant la coloration. Démoulez les brioches et mettez-les à refroidir sur une grille.

Préparation : 15 minutes | Repos : 4 heures 30 | Cuisson : 15 minutes | Réalisation : facile | Coût : bon marché

Petits pains
au chocolat

Rois de la viennoiserie, les pains au chocolat, cousins des croissants, leur disputent la vedette des savoureux petits déjeuners dominicaux et des goûters d'enfants. Souvent, le chocolat fait pencher la balance ; les amateurs l'apprécient à peine fondant. Dégusté avec un bon café, il exhale tous ses arômes.

1 MÉLANGE. Effectuez une fontaine avec les 300 g de farine sur le plan de travail. Versez la c. à café de sel, les 30 g de sucre, les 10 cl de lait et l'œuf. Mélangez petit à petit délicatement du bout des doigts. Ajoutez les 10 g de levure, préalablement émiettée. Pétrissez le tout.

2 TEMPS DE FERMENTATION. Lorsque la pâte est lisse et souple, formez une boule, et mettez-la dans un saladier recouvert d'un torchon humide. Laissez lever pendant 2 h à température ambiante. La pâte doit doubler de volume.

Ingrédients
(pour 10 petits pains)

- ✓ *300 g de farine très fine tamisée*
- ✓ *1 c. à café de sel*
- ✓ *30 g de sucre en poudre*
- ✓ *10 g de levure fraîche de boulanger*
- ✓ *150 g de beurre*
- ✓ *10 cl de lait*
- ✓ *1 œuf + 1 pour la dorure*
- ✓ *20 barres de chocolat noir*

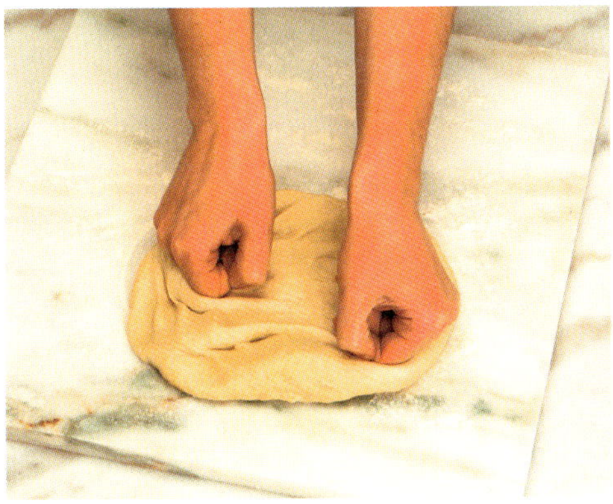

3 PÉTRISSAGE. Retravaillez la pâte pour la faire retomber en appuyant dessus avec les poings et en la repliant sur elle-même. Recouvrez-la de nouveau et mettez-la au réfrigérateur pendant 1 h.

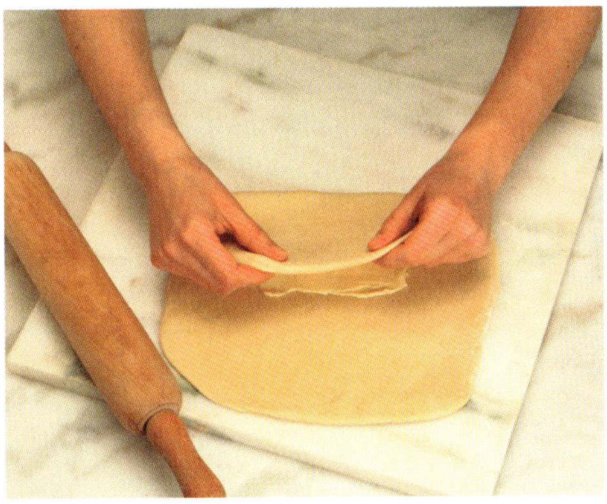

4 TRAVAIL DE LA PÂTE. Aplatissez les 150 g de beurre en lui donnant la forme d'un carré. Étalez au rouleau la pâte en rectangle. Placez le beurre au milieu. Pliez la pâte en trois, puis repliez-la en deux. Allongez la pâte et repliez-la en trois. Laissez reposer pendant 30 min. au réfrigérateur.

5 FAÇONNAGE. Étalez la pâte en un grand rectangle que vous couperez en deux dans la longueur et en cinq dans la largeur pour obtenir dix petits rectangles. Déposez deux barres de chocolat à l'extrémité de chaque rectangle, puis roulez les rectangles sur eux-mêmes sans trop les serrer.

6 DÉCORATION ET CUISSON. Disposez les pains sur une plaque beurrée. Badigeonnez-les d'un œuf battu. Laissez-les lever pendant 1 h. Ils vont doubler de volume. Préchauffez le four à 210° (th 7). Badigeonnez-les de nouveau. Faites-les cuire pendant 15 min. en surveillant la coloration.

Préparation : 20 minutes | Repos : aucun | Cuisson : 12 minutes | Réalisation : difficile | Coût : bon marché

Roulés
au praliné

Préparez ces roulés au praliné au délicieux petit goût de noisettes grillées qui combleront avec bonheur les envies de friandises sucrées de vos invités. Vos enfants seront enchantés à l'idée de les confectionner avec vous.

1 Étaler la pâte. Préchauffez le four à 180° (th. 6). Étalez la pâte et formez un grand rectangle de 40 cm de large.

2 Fouetter l'œuf. Cassez l'œuf dans un bol et fouettez-le rapidement.

Ingrédients
(pour 30 roulés)

- ✓ *300 g de pâte feuilletée*
- ✓ *50 g de pralin*
- ✓ *1 œuf*

3 Badigeonner la pâte. À l'aide d'un pinceau, badigeonnez la pâte d'œuf battu.

4 Garnissage. Saupoudrez ensuite la pâte avec les 50 g de pralin.

› Trucs et astuces

Le pralin est une préparation à base de noisettes ou d'amandes légèrement caramélisées que l'on a broyées et réduites en poudre. Très apprécié des pâtissiers, il sert à confectionner des gâteaux et des confiseries. Vous le trouverez facilement au rayon articles de pâtisserie des magasins d'alimentation. Une fois le sachet de pralin ouvert, veillez à l'utiliser rapidement, car il s'altère assez rapidement à l'air.

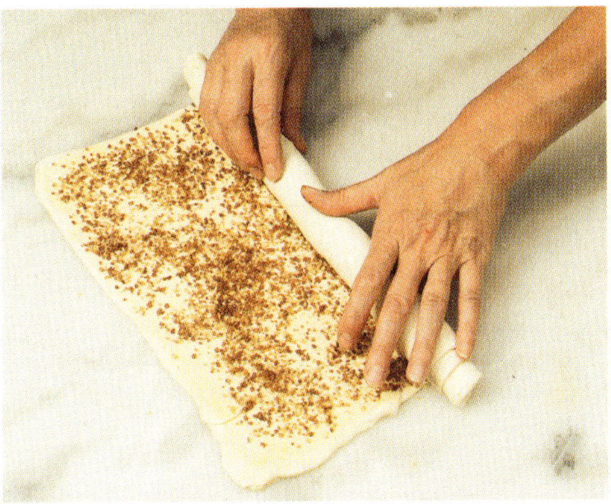

5 Façonnage. Faites un rouleau avec la pâte et découpez-le en petits tronçons d'environ 2 cm. Posez-les sur une plaque de four couverte d'un papier sulfurisé.

6 Cuisson. Mettez à cuire à four chaud 12 min. environ. Faites une nouvelle fournée si nécessaire. Laissez les roulés au pralin refroidir ur une grille.

Préparation : 10 minutes | Repos : aucun | Cuisson : 12 minutes | Réalisation : très facile | Coût : très bon marché

Sacristains

Confectionnez ces délicats petits biscuits issus de la grande tradition pâtissière française. Réalisés sans souci, et cuits au dernier moment, ils offriront un croustillant incomparable.

1 PRÉPARATION. Préchauffez le four à 180° (th. 6). Cassez l'œuf dans un bol et fouettez rapidement avec une fourchette. Ajoutez 2 c. à soupe d'eau.

2 ÉTALER LA PÂTE. Étalez la pâte sur un plan de travail légèrement fariné.

3 DÉCOUPE. Découpez des bandelettes de pâte d'environ 22 cm de long sur 2,5 cm de large. Placez-les sur deux plaques de four légèrement farinées.

4 AJOUT DE L'ŒUF. Badigeonnez les bandelettes de pâte d'un peu d'œuf battu.

5 FINITION. Saupoudrez d'un peu de sucre. Torsadez légèrement les bandelettes de pâte. Ajoutez éventuellement un peu de sucre sur la pâte.

6 CUISSON. Mettez à cuire environ 12 min. Laissez refroidir sur une grille.

Ingrédients
(pour 4 à 6 personnes)

- ✓ 2 rouleaux de pâte feuilletée
- ✓ 120 g de sucre cristallisé
- ✓ 1 œuf
- ✓ 2 c. à soupe d'eau

› CONSERVATION

Vous pouvez très bien utiliser une pâte feuilletée fraîche achetée chez votre pâtissier, mais vous pouvez aussi confectionner vos sacristains avec une pâte feuilletée surgelée. Vos biscuits cuits et refroidis se conserveront très bien un jour ou deux dans une boîte à biscuits métallique, à l'abri de l'humidité.

Index des recettes

Crédits photographiques

Couverture	P. Desgreux/Sucré Salé
p. 8	photocuisine/Corbis
p. 10-11	Francis Waldman, DR
p. 12-13	Philippe Barret
p. 14-15	Philippe Barret
p. 16-17	Francis Waldman
p. 18-19	Philippe Barret, Francis Waldman
p. 20-21	Francis Waldman, DR
p. 22-23	Philippe Barret
p. 24-25	Francis Waldman
p. 26-27	Francis Waldman
p. 28-29	Francis Waldman
p. 30-31	Francis Waldman
p. 32-33	Philippe Barret
p. 34-35	Philippe Barret
p. 36-37	Philippe Barret
p. 38-39	Francis Waldman
p. 40-41	Philippe Barret
p. 42-43	Francis Waldman
p. 44-45	Philippe Barret, Francis Waldman
p. 46-47	Philippe Barret
p. 48-49	Philippe Barret, Francis Waldman
p. 50-51	Philippe Barret
p. 52-53	Francis Waldman, DR
p. 54-55	Francis Waldman
p. 56-57	Philippe Barret, Francis Waldman
p. 58-59	Philippe Barret, Francis Waldman
p. 60-61	Francis Waldman
p. 62-63	Philippe Barret
p. 64-65	Philippe Barret
p. 66-67	Envision/Corbis
p. 68-69	Francis Waldman, DR
p. 70-71	Francis Waldman
p. 72-73	Philippe Barret
p. 74-75	Philippe Barret
p. 76-77	Francis Waldman
p. 78-79	Philippe Barret
p. 80-81	Francis Waldman, DR
p. 82-83	Philippe Barret
p. 84-85	Philippe Barret
p. 86-87	Philippe Barret
p. 88-89	Philippe Barret
p. 90-91	Philippe Barret
p. 92-93	Philippe Barret
p. 94-95	Philippe Barret
p. 96-97	Francis Waldman, DR
p. 98-99	Philippe Barret
p. 100-101	Francis Waldman
p. 102-103	Philippe Barret
p. 104-105	photocuisine/Corbis
p. 106-107	Francis Waldman
p. 108-109	Francis Waldman
p. 110-111	Francis Waldman, DR
p. 112-113	Philippe Barret
p. 114-115	Philippe Barret, Francis Waldman
p. 116-117	Philippe Barret, Francis Waldman
p. 118-119	Philippe Barret, Francis Waldman
p. 120-121	Philippe Barret
p. 122-123	Francis Waldman
p. 124-125	Philippe Barret
p. 126-127	Francis Waldman
p. 128-128	Francis Waldman
p. 130-131	Philippe Barret
p. 132-133	Philippe Barret
p. 134-135	Philippe Barret
p. 136-137	Francis Waldman
p. 138-139	Francis Waldman
p. 140-141	Francis Waldman
p. 142-143	Philippe Barret
p. 144-145	photocuisine/Corbis
p. 146-147	Philippe Barret
p. 148-149	Francis Waldman
p. 150-151	Philippe Barret
p. 152-153	Philippe Barret, Francis Waldman
p. 154-155	Philippe Barret, Francis Waldman
p. 156-157	Francis Waldman, DR
p. 158-159	Francis Waldman, DR
p. 160-161	Francis Waldman, DR
p. 162-163	Philippe Barret
p. 164-165	Francis Waldman, DR
p. 166-167	Francis Waldman, DR
p. 168-169	Francis Waldman, DR
p. 170-171	Philippe Barret
p. 172-173	Francis Waldman

Achevé d'imprimer, en mai 2007, par l'imprimerie EuroGrafica.
Via del progresso, 125 - 36035 Marano - Vicenza - Italie